微课版

美术与德育的融合

德育为先，手为心官

李慰宜　主编

华东师范大学出版社
上　海

图书在版编目(CIP)数据

幼儿教师研修资源：美术与德育的融合/李慰宜主编.
—上海:华东师范大学出版社,2020
ISBN 978-7-5760-0391-8

Ⅰ.①幼… Ⅱ.①李… Ⅲ.①美术课-学前教育-教学参考资料 Ⅳ.①G613.6

中国版本图书馆 CIP 数据核字(2020)第 113496 号

幼儿教师研修资源：美术与德育的融合

主　　编　李慰宜
责任编辑　蒋　将
特约审读　郑　月
责任校对　王丽平
装帧设计　冯逸珺

出版发行　华东师范大学出版社
社　　址　上海市中山北路 3663 号　邮编 200062
网　　址　www.ecnupress.com.cn
电　　话　021-60821666　行政传真 021-62572105
客服电话　021-62865537　门市(邮购)电话 021-62869887
地　　址　上海市中山北路 3663 号华东师范大学校内先锋路口
网　　店　http://hdsdcbs.tmall.com

印 刷 者　杭州日报报业集团盛元印务有限公司
开　　本　787×1092　16 开
印　　张　14.75
字　　数　288 千字
版　　次　2021 年 6 月第 1 版
印　　次　2021 年 6 月第 1 次
书　　号　ISBN 978-7-5760-0391-8
定　　价　59.00 元

出 版 人　王　焰

(如发现本版图书有印订质量问题，请寄回本社客服中心调换或电话 021-62865537 联系)

德育为先，手为心动

中国有句老话:“三岁看六岁，六岁定终生。”看的是什么？聪明才智？知识技能？不是，因为这些在后续教育中都可以实现。究竟看的是什么呢？是一个人的个性特征、情感态度！三至六岁可塑性很强，他们认识世界有限，理解力有限，不懂的事情很多，很多道理到他们那里就被解释为童言妙语，让我们哭笑不得。他们是用丰富的情感在认识世界，是用喜欢、厌恶（而不是对与错）建立自己的儿童价值观，不但如此，而且他们都会把这些体验像烙印一样扎根于心，很难再改变，这样的实例可以说上三天三夜，由于篇幅有限，不在此展开，大家都可以细细琢磨。错失了出生后的这六年，可能一辈子都弥补不了。如果我们要讨论什么是三至六岁的幼儿教育最重要的内容，如果我们期望孩子不输在起跑线上，那么通过不同的方式，让幼儿获得爱与憎的强烈体验，建立起人生最初最单纯的价值观，这就是最不能输也输不起的起跑线了，也是家庭和学校、生活和学习、各领域的教育最有价值的事。

我们美术工作坊聚焦艺术教育，因为它的题材能满足幼儿的好奇心，给予幼儿释放天马行空般的想象创造了无比广阔的空间，它的活动方式又非常符合幼儿爱美、爱想、爱动的天性，在激发幼儿的审美情感，获得对周围事物爱憎分明的情感体验上，起着不可替代的作用。为此，我们提出“手为心动”的主张，致力于将幼儿美术活动融入主题，激发幼儿审美为先导的教学实践的研究，倡导德育为先，引导幼儿在充分感受客观事物的前提下，做到有感而发，为幼儿开启一扇通向美好生活的窗户。

为进一步阐释我们所提倡活动的“内容在前，表现的方法在后”的主张，在本书中又从折纸、剪纸、绘画等常用的艺术表现方法一一进行解读。

之所以选择折纸和剪纸这两种形式，首先是基于两者均为富有中华传统特色的艺术表现形式，是我国幼儿园艺术教育中热爱本民族文化，建立民族认同感不可或缺的重要方面。其次，又从两者的表现形式如何结合幼儿年龄特点分别作了归纳和介绍。提倡按幼儿的能力和意愿，鼓励大胆尝试、随心所欲、天马行空地创作出别出心裁和别具一格的剪纸作品，大力彰显当下中华儿童极具童真的创新才能。同时，我们进一步阐述一切艺术活动都是幼儿对客观事物的积极态度和由内而外的艺术表现。如同其他艺术表现形式一样，坚守德育为先的育人理念，坚守手为心动、形变魂不散的艺术创作理念，将内容视作一切艺术活动的动因和灵魂，全方位地将增长知识、热爱生活、思考探索融入艺术活动之中。

在幼儿绘画这一讲，我们针对一些教师对艺术创造性的片面认识，直面如何处理内容和形式关系产生的困惑，明确地指出创造不用高大上，也不神秘，幼儿绘画功夫在材料、工具和表现方法上只是浅层次的创造，画外才是创造用之不尽取之不竭的源泉，一切艺术创造的源泉均来自对生活的直接体验和捕捉不一般的亮点，创造的真功夫是在画外对题材的火一样的热情。离开生活体验、只关注技能的创造性是苍白无力的，也是毫无价值的。

全书阅读架构图

活动实施和教研现场

第一讲 德育为先，将美术活动融入主题

导语：通向美好生活的窗口

活动方案

教研纪实

第二讲 德育为先，手为心动（剪纸）

导语：形变魂不散：幼儿剪纸教学解读

活动方案

教研纪实

第三讲 德育为先，手为心动（折纸）

导语：爱上折纸，其乐无穷

活动方案

教研纪实

第四讲 德育为先，手为心动（绘画）

导语：幼儿绘画教育功夫在画外

活动方案

教研纪实

第五讲 以美育德，多元整合

导语：春风化雨润物无声

活动方案

教研纪实

写在最后的话

评价后的反哺教研：15个教学诀窍

评价后的反哺

怎样选材

诀窍一：凸显欣赏材料的民族性

诀窍二：艺术之魂在生活里

诀窍三：找准主题，抓住关键词

怎样将内容和方法融为一体

诀窍四：方法跟着线索

诀窍五：方法跟着情境

诀窍六：方法跟着内容走，同一方法在不同内容中有不同解释

怎样备课

诀窍七：加强自身的知识储备

诀窍八：理性备课，感性执教

诀窍九：教方法替代教成品，将关注作品效果转向关注能力迁移

怎样激发幼儿创造

诀窍十：创造是一个小小的点——关注点点滴滴

诀窍十一：创造是一根悠长的线——关注相互联系

诀窍十二：创造是一块多元面——关注整合

怎样体现艺术教育的核心价值

诀窍十三：提炼生活热点，重视艺术加工

诀窍十四：艺术与科学的握手

诀窍十五：潜移默化浸润，引导学会做人

教育的首要问题就是培养人的问题，美术活动更是如此。我们可以从不同的角度，在活动环节的层层推进中，将立德树人的育人目标——“做什么样的人”“如何做”等正确价值导向渗透其中，化作汩汩清泉温润幼儿的心田，这也正是第五讲“以美育德，多元整合”的主要内容。记得在“卫星发射”现场活动最后，师生共同见证了自己制作的模拟卫星飞向太空，欢呼雀跃不已。当幼儿离开现场经过我的身边，我做了临时采访，孩子们都纷纷表示了长大要做航天科学家的愿望，使所有与会者无比激动：中国航天后继有人！

上述五讲一并在之后的书中一一展开、细说。在每一讲最开始的地方以“导语”起头，全貌地将编写思路呈现出来，带着大家整体性地介绍每一讲的侧重、用意，选取的活动方案的设计意图，并用相当多的篇幅呈现经典教案的“诞生记”——“教研纪实”。我们感到，很多时候，在书本中呈现的多为经历数次教研、多轮试教、多轮磨课后的最佳版本，而中间的过程实则更加珍贵，它们更能说明教师可能遇到的共性困惑、难点，所以有了“教研纪实”这个版块，期望将幕后的现场教研情形呈现出来，以更多启发年轻的老师们。

我们的研讨持续了四年，每次的研讨实则都有现场评析和教研后的评价，这次的也不例外。但这一次的“备—教—研”后，高质量的评价对教学活动和实施又产生了全新的反哺，其间总结了诸多行之有效的教学方法，在书后和盘托出，即“写在最后的话”中详细阐述了“评价后的反哺教研——15 个诀窍”，有点“事后诸葛亮”的味道，以利与读者作进一步地研讨，将“手为心动”进行到底！

目 录
Contents

写在最前面的话

德育为先，手为心动 I

第一讲 德育为先，将美术活动融入主题 1

导语：通向美好生活的窗口 5

活动方案 21

小小蛋儿把门开（小班） 23

大家一起真开心（中班） 26

小青花（大班） 31

教研纪实 37

大班活动“小青花”教研纪实 39

第二讲 德育为先，手为心动（剪纸） 47

导语：形变魂不散：幼儿剪纸教学解读 51

活动方案 63

小灯笼亮起来（中班） 65

油菜花开（中班） 68

跨海大桥（大班） 70

教研纪实 75

大班活动“跨海大桥”备课教研纪实 77

第三讲 德育为先，手为心动（折纸） 85

导语：爱上折纸，其乐无穷 89

活动方案 107

好饿的毛毛虫（小班） 109

沙丁鱼风暴（中班） 114

拯救白犀牛（大班） 118

教研纪实 125

理性备课,感性执教——从折纸活动“好饿的毛毛虫”说起 127

中班活动“沙丁鱼风暴”备课教研纪实 131

浅析大班折纸“拯救白犀牛”活动的推进历程 140

第四讲　德育为先,手为心动(绘画) 147

导语:幼儿绘画教育功夫在画外 151

活动方案 159

拉拉绕绕(小班) 161

中国娃娃(大班) 164

数字密码卡(大班) 167

教研纪实 169

悉心播种,静待花开——“数字密码卡”教研有感 171

第五讲　以美育德,多元整合 177

导语:春风化雨润物无声 181

活动方案 195

飞向太空(大班) 197

自制儿童视力表(中班) 201

我的自画像(大班) 205

教研纪实 209

提炼生活热点,落实情感目标

——反思“飞向太空”活动目标调整过程 211

写在最后的话

评价后的反哺:15 个教学诀窍 217

第一讲

德育为先，将美术活动融入主题

导 语

通向美好生活的窗口

侯小燕、吴燕华、刘颖、黄蓓

自上海的“二期课程改革”以来，幼儿园的课程模式是以主题呈现幼儿的学习方式，使幼儿园各领域的教育价值激发出了更大的能量。我们摈弃了传统的以学科为中心，片面追求技能技巧的教学模式，致力于将幼儿美术活动融入主题，激发幼儿审美为先导的教学实践研究，希望通过美术活动为幼儿开启一扇通向美好生活的窗口。整个过程中倡导德育为先，充分强调在艺术活动中激发幼儿关注周围生活，乐于探索新的知识，对认识世界有持续的兴趣，从而能以艺术表现的方式创造性地表达对周围世界的认识，拥有积极健康向上的态度和情感，在激发幼儿的想象和创造中发挥积极作用。

一、从主题经验出发谈美术活动德育为先

我们将主题的内容和要求，作为美术活动中所需要选取的具体内容的前提，也就是让幼儿在充分感受客观事物的前提下，做到有感而发，提倡活动的内容在前，表现的方法在后，从而改变传统的为达到美术作品的效果而刻意铺垫知识、强化训练技能的做法。我们选择“小小蛋儿把门开”“大家一起真开心”“小青花”三个活动，它们都非常贴近幼儿的现实生活，又按不同年龄幼儿的特点在内容上适度新颖，要求上适度递进，使幼儿始终保持旺盛的求知欲和创造热情。

（一）在美术活动中应体现情景是活动的生命线

以小班“小小蛋儿把门开”为例。“小小蛋儿把门开”源自小班主题“学本领”，该主题内容和要求是让幼儿“体会每个动物都有各自的本领，有兴趣地学做各种模仿动作”。春天里大树冒出嫩芽，无数鲜花竞相开放，虫子钻出泥土，鸟儿在筑巢。一切欣欣向荣，正是许多动物出生的美好季节。那些刚出生的小鸡、小鸭、小兔，都会给幼儿带来惊喜，他们喜欢将其视为朋友，还会情不自禁地装扮模仿，由此产生无数适宜又新颖的教学内容，这些必然成为幼儿美术活动抒发情感的最佳题材。

那么在小班，如何让幼儿做到手为心动、德育为先呢？

以“小小蛋儿把门开”为题材，学学小鸡自己钻出蛋壳，引导幼儿在美术活动中再现小鸡出壳的过程，体验“不要妈妈帮”，自己的事情自己做的快乐，逐步引导幼儿克服依赖，培养自我服务的能力。为加深幼儿的体验，我们有以下三个方面的思考：

1. “身临其境”

小班幼儿对周围事物的认识往往以直接观察为主，因此在小鸡的材料选择上，我们也进行了反复思考和筛选：虽然幼儿已经非常喜欢图片上可爱的小鸡，但这不足以替代他们的直接观察，目前他们又不能接触真实的小鸡，曾经找塑料玩具小鸡，但觉得不够真实。经过再三思考，反复挑选，我们终于找到毛茸茸的仿真小鸡，这些毛茸茸的仿真小鸡不但形象逼真，还可以让幼儿摸一摸感受到它毛茸茸软软的可爱，增强了幼儿的直观感受。

除了在选择小鸡材料上我们做了认真思考，对歌曲我们也进行了认真筛选，画面上卡通的小鸡有人物的表情，能笑眯眯地张大嘴巴唱起歌。正是选择了这么一只可爱的小鸡，当歌曲的画面呈现在孩子面前的时候，孩子感到非常亲切，他们喜欢跟着这只毛茸茸的小鸡一起唱起来。一开始我们也曾经想过是否选择真实的小鸡，但是真实小鸡的具象不适合幼儿，卡通小鸡增加了人物的表情，超级可爱，不但小班朋友非常喜欢，我们也很喜欢，看着它的可爱的表情也会会心一笑。

在活动现场我们创设了农场一角，模拟鸡妈妈正在孵蛋的过程，这样能够给小班幼儿提供一个情景。在活动中，老师以一句话引入“我们来看看小鸡是怎么钻出蛋壳的呢?”，紧接着出现动画，让幼儿对这个动画进行思考，将动画进行分解，鼓励幼儿结合小鸡出壳的动作，观察和模仿小鸡啄破蛋壳、张大眼睛、伸伸小腿、扇扇翅膀、钻出蛋壳自己找到妈妈的过程。

教学中，教师一边播放动画，一边将一个个毛茸茸的小鸡摆放到真实场景中，“鸡宝宝自己钻出蛋壳来到妈妈身边”。随后，教师手捧仿真小鸡来到幼儿面前，让每一位幼儿轻轻地摸一摸小鸡毛茸茸的绒毛，感受它的可爱。这样，孩子们迫不及待地“想模仿小鸡钻出蛋壳”的愿望油然而生。

为了让幼儿有身临其境的感觉，我们以幼儿为主体，做了两个调整：第一是场景的调整。从开始活动时的平面场景和分享交流时作品平面的展示，到立体的农场场景的呈现，让幼儿有身临其境之感，营造氛围，体现不是靠妈妈“帮”，而是靠自己钻出蛋壳。整个活动让幼儿体会到只有靠自己，我们才能从一个小不点，慢慢长大。靠自己的力气啄破蛋壳，伸出细腿自己站起来，睁开眼睛，伸伸翅膀，最后钻出蛋壳。这整个过程的情感体验都是靠自己，幼儿们也更有投入活动的兴趣与动机。小鸡出壳的自然常识蕴含在整个活动之中。

第二个调整是运用小鸡出壳的歌曲。我们在试教的时候，歌曲只是放在开始部分，让小朋友唱一唱就过去了。后来，我们发现整个歌曲的内容都是围绕着我们的活动和活动紧密联系的，因此我们进行了调整——在活动中四次运用了这首歌曲：(1)是用于在开始的时候引发孩子关于自己生活经验的回忆。当幼儿开始准备自己出壳的时候，老师说：“我们就是一个住在鸡蛋里的小不点，靠自己慢慢长大”……(2)第二次音乐开始了，孩子就在这音乐声中，把自己当成一个小不点，一点点长大。接下来在后面的活动中，有的孩子已经靠啄破了蛋壳自己钻了出来。(3)第三次音乐响起，烘托气氛，进一步增加孩子的情感体验，不断地循回往复，当孩子们把小鸡送到了妈妈的身边，这音乐声还是伴随着孩子活动。(4)当小鸡们跟着妈妈离开活动室的时候，第四次音乐响起来，幼儿们继续唱着歌仿佛就是一只靠自己钻出蛋壳的能干的小鸡。在音乐的感染中，将活动和音乐有机联系在一起，从一次出现歌曲到活动过程中四次歌曲音乐贯穿始终，说明“小鸡出壳”这个歌曲，绝不是一个毫无意义的背景音乐，而是和整个活动的内容紧密联系的，和小鸡怎么啄破蛋壳靠自己钻出来联系在一起。

2. 角色模仿

小班幼儿的年龄特点决定了在活动中增加角色模仿也非常重要。

在活动中由教师担任“鸡妈妈”。“鸡妈妈”手拿鸡蛋(纸片)，嘴里“咯咯咯”用情景式的语言模仿母鸡下蛋的过程，放下纸片，并说：“鸡妈妈下蛋咯，鸡妈妈下蛋咯。”这样，幼儿能够迅速进入角色，随着老师的呼唤：“哪个蛋是你们的呢？快钻出来找鸡妈妈吧！”幼儿在老师的情景语言和动作的引导下，自然走到“鸡窝”边，把圆圆的纸片当成大鸡蛋，表现出小鸡钻出蛋壳的过程。

在幼儿操作之前，老师拿着圆圆的纸片说：“鸡蛋里面住着一个小不点，它要吃吃蛋黄长大一点点，吃吃蛋白又长大一点点，蛋黄蛋白都吃完了，小鸡长大了才有力气啄破蛋壳。”以此把孩子带入情境中，伴随着教师情景式的解释，感觉自己就是一只小鸡，要从蛋壳里钻出来。“尖尖嘴靠自己啄破蛋壳，细细腿自己站起来，圆溜溜的眼睛靠自己睁开来，东看看西瞧瞧，扇扇翅膀，自己叽叽叽去找妈妈。”在活动中教师说得最多的就是：“你是自己站起来的是吗？”“要妈妈帮忙吗？”教师还会询问：“鸡妈妈来帮你好吗？”从而让幼儿切身体会到一切都要靠自己。

在整个活动中，孩子们说得最多的就是：“不要，不要，我要靠自己，我自己能钻出蛋壳，我自己能站起来，不要妈妈帮忙。”因为他们感觉自己就是一只小鸡，靠自己钻出蛋壳才是能干的小鸡，而不是那些靠别人剥去蛋壳的白煮蛋。小鸡孵出蛋壳的过程和小鸡生长的自然常识紧密联系在一起，所以小朋友觉得我不要当白煮蛋，我是一只能干的小鸡，靠自己站起来，在整个情景的激励下，“我们能行”“我要靠自己”的品质油然而生。

3. 适度递进

在这一活动中的适度递进是指，将小鸡的特征和钻出蛋壳的过程紧密联系的适度递进，而不是指幼儿作画的技能、画面效果的适度递进。就美术表现而言，提出了引导幼儿表现小鸡的明显特征的要求，我们摈弃由教师用示范讲解抽象地传授表现图像的方法，而是让幼儿在“我要靠自己钻出蛋壳”的动机激励下，自主表现小鸡的特征。这些特征都是和小鸡靠自己钻出蛋壳有关的，如有的孩子说“我的小鸡刚刚睁开眼睛”，有的孩子说“我的小鸡在捉虫”，有的孩子说“我的小鸡举起手和妈妈打招呼呢”等等。这一只只栩栩如生的小鸡，远远超出了过去统一规定图像的刻板，显示了涂鸦期幼儿精彩纷呈的艺术创造。

此外适度递进还体现在表现方法上的适度递进。根据小班幼儿的年龄特点，在小班上期我们也开展过这一活动，用一张圆形纸表示一只鸡蛋，用尖尖嘴啄破蛋壳，添画细细腿表示小鸡自己站起来，睁开眼睛东看看西看看，扇扇翅膀自己钻出蛋壳。我们就是在圆圆的鸡蛋上添加特征，这个特征是和小鸡靠自己钻出蛋壳紧密联系在一起的。

那么，到了小班下学期，我们该如何进行调整呢？虽然小班幼儿还处于涂鸦期，但是能力和水平较小班上学期有了很大的发展，他们涂鸦的兴趣也越来越浓，他们手臂小肌肉也得到了发展，同样一只圆圆的鸡蛋，下学期我们更强调靠幼儿自己的力量钻出蛋壳，所以小班上学期和下学期同样的内容，在活动的过程中是有差别的，在幼儿认知经验和能力发展的基础上，我们做到了适度递进，不过整个活动的价值是统一的：不要靠妈妈帮忙，我是一只能干的小鸡，靠自己出壳是一件非常了不起的事情。

（二）在美术活动中应强调方法为内容服务

以中班“大家一起真开心”为例。“大家一起真开心”源于中班主题“幼儿园里朋友多”，是根据“关注同伴，乐于与同伴友好交往，体验与老师、同伴共处的快乐”的主题内容与要求而开展的活动。幼儿离开家来到幼儿园，幼儿园就成了他们首先接触到的一个小社会，它在每个幼儿由自然人成长为社会人的过程中，起着十分重要的作用。“如何摆脱中班幼儿自我中心，学会与周围的人相处”，是幼儿在社会化发展过程中极其重要的学习内容。

中班幼儿各方面的能力都在迅速提高，但是在幼儿园生活中因以自我为中心意识而引发的各种问题也日益突出。例如，很多幼儿都会把“我”放得很大：每天都会有幼儿说“是我先拿到的”；当有一位幼儿回答问题的时候，会有孩子说“我先知道的”；玩耍的时候还会出现“我要一个人玩，不要和某某玩”；看到喜欢的玩具会说“我要拿回家去，这是我的”等等。这些矛盾都是在中班幼儿和同伴交往中产生的，他们有和同伴一起玩的愿望和需要。但由此出现的许多纠纷，我们作为老师必须引起充分重视，采取积极有效的方式及时引导。为此，我们开始思考：如何通过美术活动表现来凸显德育为先，渗透幼儿社会性行为的培养，从而达成“关注同伴，乐于与同伴友好交往，体验与老师、同伴共处的快乐“的主题要求。

因此，我们选取了这一内容。题材源自绘本《没有不方便》[①]，我们从幼儿熟悉的故事入手，引导幼儿将其和自己在幼儿园的生活相联系，回忆自己在幼儿园的快乐点滴。图书中诸多画面与幼儿园的生活相呼应，比如“大家一起踢足球”“跳绳”“赶小猪”等，和孩子的生活紧密相关，以此唤起幼儿在群体活动中友好共处的一些体验。画面色彩丰富，用的都是铅笔淡彩，画面中人物的表情、动态、线条大班幼儿

---

① 施政廷文图.《没有不方便》.南京师范大学出版社，2012.

也能画出来，中班幼儿看着非常亲切又喜欢，在“大家一起真开心”活动设计时，我们以体验集体生活的快乐为先导。

1. 首先以欣赏强化主题，并引出主题

欣赏画面源自绘本《没有不方便》。书中诸多集体活动的画面和幼儿日常生活不谋而合，有孩子们在操场上踢足球、跳绳，在花园里追蝴蝶……这些都能引起幼儿的兴趣和关注。在欣赏许多孩子和好朋友在一起玩耍的画面时，突然出现一个小朋友在窗边独自玩耍的画面，和之前很多人一起玩的画面内容产生了强烈的对比，由此教师和幼儿一起展开“究竟一个人玩好还是大家在一起玩好”的讨论。在对比中幼儿会发现踢足球，只有大家在一起踢才有劲，有的人踢，有的人做守门员，有的人做裁判等。同样跳绳，虽然可以一个人跳，但是和大家一起跳长绳可以变花样会更开心。捉迷藏和玩老鹰捉小鸡也一定是和许多朋友一起玩才开心。

幼儿会发现原来很多游戏只有大家一起玩才会更快乐，这些讨论可以使幼儿联想到自己与朋友之间的更多活动，摆脱了空洞的说教，幼儿能更真切地体会集体活动的快乐。

2. 针对幼儿认知特点，寻找解决方案

在明确大家一起玩更开心的过程中，针对中班幼儿年龄特点，对美术表现中的三个“困境难题”，我们采用了以下三个化解方法：第一，以修修、剪剪化解表达朋友脸型各不相同的“困境难题”——修剪添画脸型聚焦自己的朋友，明确朋友是谁，叫什么名字，始终把好朋友放在心中；第二，以摆摆、放放化解表达朋友一起游戏内容的“困境难题”——和谁一起玩，玩什么，始终把游戏放在心中；第三，以添添、画画化解表达对朋友间认识和情感的“困境难题”——始终在和朋友一起的游戏情境中，体会我的朋友多又多，今天和某某一起玩捉迷藏，明天可以和某某一起踢足球……幼儿园里朋友多，玩的游戏也很多。

以前，我们强化技能表现，经常会听到“老师我不会画”等，教师和幼儿关注的都是画得如何，就会把内容，把好朋友放在心里的情感体验扔掉了，只是画了一张画，和朋友在一起真开心，把朋友放在心里的体验没有了。过程中，我们始终从内容出发，即和好朋友一起玩什么。从选各不相同的朋友（仔细观察朋友，选择图形修剪，摒弃笼统表达，帮助幼儿表现出朋友的特点），到摆一摆朋友在哪里玩（帮助幼儿化解对表现场景构图的障碍，使幼儿更为大胆地表现自己的真情实感），从而体会和朋友在一起玩的快乐。

（1）以修修、剪剪化解表达朋友脸型各不相同的“困境难题”

在集体活动中要表现我的好朋友，必须引导幼儿有意识地找找朋友，画画自己的好朋友。我们知道中班幼儿表现事物特征都比较笼统，虽然我们创设好朋友一起玩的情境，但是在作画过程中很容易画着画着就会和自己找到的朋友渐行渐远，变成空洞无意义的人物图像。为了帮助幼儿始终将表现的落点与具体的对象联系在一起，我们采取在情景中剪纸添画人物脸部的方法。

先让幼儿找一找我的朋友是谁，看一看他的脸长什么样？（长长的、圆圆的、胖胖的、瘦瘦的）画画五官把朋友记在心里，化解表现人物特征的难点。

先关注具体的人物，再找个图形比一比，圆圆脸像什么，修一修、剪一剪，看看是不是我的好朋友。在观察比较中始终把朋友放在心里，帮助幼儿找找朋友，修剪图形来表达朋友不同的脸型，和朋友的脸型建立联系，化解了难点，使简单的图形变得有意义，不再是一个单纯的剪图形的技能练习。比如：苗苗的朋友轩轩，是胖胖的脸，像什么？选择哪个图形（梯形纸）来修剪？还有一个朋友是彤彤，是长长的脸，像什么？可以选哪张纸来修一修？看看朋友的脸型找找图形，选择了长方形的纸做修剪。整个过程中我们发现，即便都是长长的脸，因为不同的颜色，经过修剪后，每个长长脸的朋友也是不一样的，更是独一无二的。

整个活动中始终把朋友记在心里，我的朋友会多又多。随着小剪刀来帮忙，我的朋友一个个栩栩如生地出现了。你看这是好朋友阿丹，下巴是尖尖的；这是好朋友甜甜，她的脸蛋是圆圆的。同样圆圆脸也有不同的颜色，红的圆圆脸是嘟嘟，黄的圆圆脸是阿丹……

(2) 以摆摆、放放化解表达朋友一起游戏内容的“困境难题”

绘画表现游戏内容势必涉及到画面安排，其中还有很多复杂的空间关系，这也是空间知觉水平尚低的中班幼儿不可能做到的，直接影响了幼儿大胆表达的积极性。

当幼儿找到许多好朋友之后，我们进一步引导孩子想一想，和好朋友在一起玩什么游戏，做什么事。孩子按和朋友一起玩的游戏，摆一摆放一放，思考安排粘贴的合适位置，从而化解构图的难点。

以往我们可以看到孩子的排列是脱离情景的，或是排好后再去想我和朋友做什么，所以会说我们在排队做早操，我们在排队跳长绳等，这都是摆好后再去想内容的结果。

为化解构图的难点，我们引导幼儿将内容放在前面，想一想我在哪里，朋友在哪里。如溜冰，孩子在摆放时就会想教练在前面，我们扭扭火车跟在后面开，摆放的位置与情景人物、游戏内容结合起来，于是构图就迎刃而解，仿佛就在一起游戏。

为化解这一困境难题，我们采取了教幼儿先在画面上按自己设想的内容摆放朋友的脸再粘贴，然后再添画其他部分的方法，使幼儿无论在摆放、粘贴和添画中都与“和谁在一起”“玩什么”“怎么玩”密切联系起来。

(3) 以添添、画画化解表达对朋友间认识和情感的“困境难题”

为了让我的朋友在游戏中更生动，幼儿还可以添一添、画一画这是在哪里，我们玩什么。添画游戏内容和场景，让表现的游戏情境更赋童趣，使自己和朋友在一起玩真快乐的情感得到充分的表达。

从以上分享中，我们发现中班幼儿虽然想要表达各不相同的朋友，但是往往在表现的过程中会出现千篇一律的现象，因此我们改变用绘画表现的方法，采用由修剪来化解一系列的困境难题。

我们发现中班幼儿在表达和朋友一起玩游戏的过程中，说说容易画出来难，这是受中班幼儿年龄特点和表现水平的制约，于是我们采用添一添、画一画来化解困境难题。在添画的过程中，不断添加游戏内容、好朋友的特征和场景内容，表达自己对好朋友的丰富认知和情感，学会与人友好相处，真切感受和好朋友一起玩的快乐，在游戏中能想到你、想到我的好朋友。

（三）在美术活动中应大力弘扬中华民族文化艺术

1. 基于课程标准，确定学习目标

以大班活动“小青花”为例。青花瓷，是中华文化的一种象征，它承载着古往今来中华儿女对美好生活的追求。之所以能成为中华国粹，是因为其蓝白相间、朴实大气的艺术风格，是一种对民族文化的包容与融合的象征。虽然青花瓷自元代以来已有十分悠久的历史，但至今仍然风采依旧，更是在民间广泛流传，家家户户或许都会觅到其踪影，因此幼儿对青花瓷并不陌生。因此我们选取具有中华特色的原创绘本《小青花》，引导幼儿进一步发现青花瓷独特的图案美，加深对青花瓷的喜欢与爱护的情感。

我们把这一活动放在“我是中国人”主题中，主题内容与要求是“了解我国的名胜古迹，为自己是一名中国人而感到骄傲”。原创图画故事书

《小青花》[1]围绕有只小花猫一心想让青花瓷猫成为一只活蹦乱跳的真猫的故事情景展开，"小青花"带着我们来到古朴的小镇，看到那飘动的门帘，镂花的窗棂，圆圆的月洞门，还有那栩栩如生的陶瓷坊，漫山遍野的油菜花……一切都太美太美，使每一个人都产生了一睹景德镇瓷都风貌的冲动。优秀的绘本带给我们冲击，感染了我们，引发我们到生活中去寻找美丽的小青花，因此我们把生活中的采风运用到了教学实践中。

2. 组织教学形式

我们在阅读活动后，不失时机地和幼儿一起在活动区剪猫，围绕爱惜小青花，修复小青花，装饰图案花纹开展集体教学活动。集体教学活动后继续到活动区制作一只立体青花瓷猫，从中培养幼儿对民族文化的认同感，加深对青花瓷的喜爱与爱护的情感，以"情"为纽带，达到以情育人的目的。

3. 设计教学内容及呈现方式

围绕该活动，我们在教学设计上做了以下三件事：

（1）改编故事，凸显保护文物的主题

《小青花》故事的结尾从打碎了的小青花瓷猫里跳出了一只真猫，但却似有一丝遗憾，青花瓷是我们中国的瑰宝，怎能就此破碎消失？于是我们将故事作了改动，用故事中人物景德镇爷爷的口吻，添上了这样一句话："小青花摔碎太可惜了，我们一起来想办法。"无论怎样可爱的真猫也不可能替代青花瓷在我们心中的位置，即便青花瓷被摔碎了，我们也一定会尽心尽力修复。因此，我们的故事变成了这样的结尾：景德镇爷爷参照小青花的图案，修复成了一群小青花，小花猫带着它们来到油菜花田尽情玩耍。

在活动中，所有的孩子都加入了修复小青花的行列。

① 保冬妮文，黄捷绘.《小青花》.北京：人民教育出版社，2013.

（2）选择图案纹样，表现青花瓷不同凡响的艺术美

青花瓷图案复杂多变，绚丽无比，幼儿不可能全部分辨掌握，并进行规律排列。为此我们从故事中选取出现最多，也是幼儿比较熟悉的如意和波浪纹两个纹样。这两个波纹在青花瓷中经常出现，教师引导幼儿结合自己对规律排列的认识，从大小、多少、方位等方面去思考，自主创造图案。

简化的纹样和排列方法将幼儿从层层束缚中解放出来，通过不断变化图案的大小，改变图案的方向，激发了幼儿为小青花创造最美青花图案的积极性，将爱护青花瓷、保护青花瓷、修复青花瓷的情感不断推向高潮。

（3）在分享中提升保护文物、热爱中华艺术的情感

我们打破了传统的教师示范讲解在先，幼儿模仿学习在后的教学模式，从图画书中提炼出如意(螺旋纹)和波纹两个基本纹样，启发幼儿尝试自主排列，创造出大量各不相同的排列方法。我们又利用这些作品的分享与交流，引导幼儿运用归纳和推理，提升对图案排列的规律性认识。以幼儿作品胖猫为例，引导幼儿发现纹样可以不断变化。

分享

胖　猫

(1) 寻找波纹纹样(头、脚、身体、脸蛋)。

(2) 寻找如意纹样(鼻子、脸蛋、尾巴、肚子)。

(3) 方向——头顶和脚的波纹方向有什么不同？身上的两个波纹方向有什么不同？朝左还是朝右？背靠背还是面对面？左右对称还是上下对称？发现排列的规律。

(4) 多少——脸蛋上有1个波纹，头顶有3个组合在一起的波纹。鼻子是1个如意，脸蛋左右面对面2个如意。

(5) 排列——尾巴如意、花、如意排排队；肚子中间一个，旁边两个，中间朝下两边朝上，中间转个圈变成一朵花(许多如意转个圈变成一朵花)。

从分享中感受上下左右的对称，大小、排列的变化。

活动中不断引发幼儿发明新的排列方式，通过师生活动和生生互动，孩子的创造力得到激发。

从上面的分享中我们试图让幼儿体会到同一个纹样，排列方法不一样，数量不一样，方向不一样，就可以不断地变化。同时两个纹样合在一起能成为一个新的纹样，形成一个瓷猫一个样，千千万万个瓷猫千千万万个样，我们制作的小青花没有一个是一样的。

几点认识：

- 图案装饰是有规律可循的。
- 图案装饰的规律是可灵活运用的。
- 创造图案装饰的途径：幼儿在内容的引领下，方法会更灵活，在过程中寻找多变的排列方式，不断尝试变化，如果遇到不是很美观，如：画面太满、图案不对称、图案的大小变化不多……尝试进行调整，慢慢找感觉，活动中给予幼儿创造的空间，极大地调动了幼儿主动创造的积极性。老师没有用简单的好看或是不好看来做评判。在幼儿精彩的创造性表现中，不仅孩子有收获，我们也有收获；孩子有惊喜，我们同样也获得惊喜，我们和孩子共同成长。

二、始终将艺术教育德育为先铭记于心

中国有句老话“三岁看到老，六岁看一生”，在幼儿园幼儿该学什么？不是知识和技能，而是让幼儿善于发现周围生活中的美。有一双会发现美的眼睛，热爱生活，对周围事物有积极向上的情感与态度，是更为重要的。作为艺术教育要发挥以情育人的功能，将德育视为一切活动的根本。如果我们剪猫从来没看到过猫，这个剪猫会有意义吗？如果剪油菜花，而油菜花从来也没看到过，只是教幼儿用一张纸对边折两次剪一剪，那是完全没有意义的！因此我们首先让幼儿对活动内容有一定的认识和情感，然后才去做一做。培养孩子热爱生活的情感，这样，回归生活，幼儿会发现生活中有很多美的东西，有各种美丽的花朵、各种各样的猫，形成热爱植物和动物亲近植物和动物的情感。看到花园里花儿都开了，会感知它们的美，想知道它们的名字，是蝴蝶花还是郁金香；会对真实的花产生兴趣，愿意去找找花朵，数数花瓣有多少。孩子会发现生活中的美，热爱生活才更有意义，这样才能使艺术教育真正发挥以情动人的功能，从而将德育为先视作一切活动的根本。

（一）在艺术活动中怎么选取题材

我们从幼儿身边真实的生活着手选取题材，通过艺术活动培养幼儿热爱生活，

积极向上的情感体验，我们培养的是有美德的人，他们有一双会发现美的眼睛，有真善美的心灵。

从“小小蛋儿把门开”“大家一起真开心”“小青花”三个活动中可以看出，这些题材都是将一个个具体的内容与幼儿生活紧密相连，幼儿非常喜欢。在本书的后续四个主题研讨中还会有许多精彩的内容和大家分享，它们都从不同的角度反映了当下中国幼儿丰富多彩的生活，激发了幼儿对生活的热爱以及健康向上的生活态度。

再分享一个剪纸活动“我们的零头布”：内容来自于《奶奶的布头儿》这本书，画面使我们仿佛回到了 20 世纪 70 年代，在那个时代我们的妈妈都很心灵手巧，喜欢用零头布来给孩子做衣服，打扮孩子，在裤腿上贴一个小花、小猫等等，从孩子身上的服装反映了妈妈的灵巧和审美情趣。那时会用零头布做服装，用零头布装扮我们的生活，使我们的生活更美好，时常会引来周围赞叹的目光，这样的妈妈被赞为会“做人家”(节俭)，用零头布做衣服的时代距今很远了，但这真正体现了上海人在那艰苦岁月中所保持的一份优雅和一份精致。在物质生活日益丰富的今天，如何将“做人家”的优良习俗传递给我们的孩子，经过思考我们就选取了这个内容，让幼儿通过动手模仿利用零头布制作的过程，身体力行地实践并体验，节省不是拮据的无奈，而是心灵手巧创造生活的美德，这在今天仍然具有十分积极的现实意义。

由于图画书《奶奶的布头儿》用北方口吻呈现，具有浓浓的北方风情，因此我们进行了再创造，选取了幼儿耳熟能详的内容，创编为以幼儿为第一人称的童谣——《奶奶的布头儿》。为了更好地体现上海人勤俭持家，我们把儿歌进一步进行了改编，融入了沪语的元素，使《上海人的零头布》更具有我们海派文化上海特色。其中原创的儿歌中个别词汇融入上海沪语的元素进行了调整。《上海人的零头布》内容如下：

做花袄，做长裤，剪下许多(交关)零头布。
整整齐齐收藏(园园)好，剪剪拼拼有用处(用场)。
奶奶(好婆)来剪零头布，小布剪苹果，大布剪棵树，
小布剪飞鸟，大布剪老虎，
缝成一条大花被，盖在身上(浪)好舒服(老瑟意)。
宝宝(阿囡)来剪零头布：小布剪门窗，大布剪房屋(房子)，
小布剪鸭子，大布剪个湖(湖浜)，
拼拼贴贴做成书，一个(一则)故事一张图。
我们(上海人)就是会(会的)勤俭(做人家)，人人喜欢(欢喜)零头布。

本地方言的融入，很好地呈现了我们了不起的具有海纳百川的上海风土人情，体现了我们上海所特有的文化，以及了不起的勤俭节约的良好习俗。（与教师互动）我们调整为用沪语来表现的朗朗上口的“上海人的零头布”，更把我们海派文化，上海的特色表现出来，老师喜欢、小朋友喜欢，尤其外婆有一种零头布的情节，也很喜欢。

我们进行调整的沪语儿歌得到了幼儿与家长的强烈反响。我们特意挑选各种花色的零头布，引导幼儿延续按纸的大小剪图像的剪纸经验，开展这一巧用零头布的活动，启发幼儿按自己的爱好剪出图像轮廓，并用碎布拼贴装饰表现特征，尝试将各种图像组合，创造出自制零头布图画，活动最后看看哪个朋友剩下零头布最少，这个孩子就是“做人家的好小囡”，让孩子们逐渐养成勤俭节约的习惯。让我们的孩子真切地体验“上海人就是会做人家”的一份惊喜和自豪。

除了在选材中考虑到融入本地方言外，我们还结合《3—6 岁儿童学习与发展指南》中提到的“在幼儿艺术活动中欣赏和感受是第一位的，表达和表现是第二位的”要求，增强幼儿对艺术欣赏的深切感受，强调欣赏在幼儿的艺术教育中的重要作用。

（二）欣赏

美术活动不乏艺术欣赏，无论是现实生活、照片图片、艺术作品或玩具、工艺品等等，都可以成为被欣赏的对象。我们选择欣赏材料的时候，牢记民族的才是世界的原则，以选取本民族、本国、本地区优秀艺术作品为首要条件，精心地挑选不同内容、风格和表现方法的艺术作品，比如说《喜上眉梢》《小老鼠上灯台》《金瓜汤银瓜汤》《老虎外婆》等等。这些具有强烈民族风格的图书，让民族文化、民族艺术浸润孩子的心田，“润物细无声”，让孩子感受到民族文化的源远流长。

原创的歌曲《小小蛋儿把门开》朗朗上口，卡通拟人化的表情深得幼儿喜欢。歌曲伴随着动画，充满童趣，它既是欣赏的材料，又是活动的内容，不但幼儿喜欢，老师也喜欢。

《大家一起真快乐》也是中国作家原创绘本，画面中的内容接近幼儿的生活，人物绘画的手法接近幼儿的表现方法——彩铅的形式，画面中的人物造型、动态、表情、图案都非常接近中班幼儿的表现水平，表现的内容使中班幼儿感到亲切，非常喜欢。

“小青花”活动中，我们在《小青花》图书里选取了很小的一张图将其局部放大给幼儿欣赏。在许多纹样中，如意和波纹这两个特色纹样映入了我们的眼帘。我们根据幼儿的年龄特点、活动内容的要求，让孩子欣赏美的画面，激发他们创造性的表现，老师做了大量的准备和精心的思考，一致同意以如意和波纹这两个具有特色的纹样，让幼儿在欣赏感受中发现它的变化所产生的美感。

之前所述的《上海人的零头布》童谣的改编，以不同的形式让幼儿从多方面感受和欣赏，形成内心强烈的共鸣，激发表达的愿望，这些活动都源自我们中国优秀的原创艺术作品。

(三) 在幼儿美术活动中“交融和整合”也非常重要

幼儿艺术表现的形式丰富多样，主要可以归纳为绘画、纸工、泥工和制作等几个方面。这些形式互相联系，推动着幼儿艺术表现能力的发展。以“小青花”活动为例：

第一，以故事为先导，继而共同搜集青花瓷图片，欣赏青花瓷，介绍青花瓷，自制青花瓷挂件，将各领域、家园、环境与教学融为一体，而不是单一欣赏艺术作品。

第二，采取了个别化活动，如剪纸(剪猫)、集体教学绘画(画猫)、活动后用泥塑(做挂件)等多种创作方法，自创丰富多彩的瓷猫造型；将青花瓷牢记心中，对青花瓷有充分的体验，爱小青花会伴随着孩子一生。

第三，运用活动区(剪猫、做挂件)和集体教学(装饰图案)相结合，以充分的情感体验(找找挂件)，使每个幼儿心中有瓷猫，才能剪猫、画猫、做猫，让青花瓷这一瑰宝永远铭记在孩子的心中。无论什么活动，我们首先要做到心中有内容，才能做得更好。

多年来我们通过不断地实践和研讨，逐渐领悟德育为先必须是美术教育的根本，也是判断幼儿美术活动价值的首要标准；德育为先应将美术活动的情感目标放在第一位，并落在实处；德育为先应贯穿于美术活动的全过程，而不是开始部分的点缀，或分享交流环节的小结提升，倡导德育为先，手为心动，以情感人融入整个活动之中。

虽然我们在研讨中获得了些许认识，但从以上三个活动我们看到幼儿美术教育德育为先，与真正落到实处还有一定的距离，希望通过本次培训与大家分享，共同努力，将美术教育德育为先持续深入地进行下去。

路漫漫其修远兮，吾将上下而求索，德育为先，手为心动，幼儿美术教育我们永远在路上。

活 动
方 案

小小蛋儿把门开(小班)

执教者：嘉定区安亭幼儿园　黄　蓓

本次活动以模仿小鸡为主要形式，通过观察和感受仿真小鸡，鼓励幼儿学习小鸡自己从蛋壳里钻出来。通过看、摸、说、画等，运用各种感知觉、注意力、想象力积极投入在美术活动中。

活动实施

活动目标：

1. 分辨小鸡的外形，尝试用图形添加的方法加以表现。
2. 愿意亲近动物，体验小鸡努力钻出蛋壳的快乐。

活动准备：

1. 经验前提：会唱歌曲《小小蛋儿把门开》。
2. 物质准备：大草地背景图；椭圆形的纸片；深色水笔；一次性纸杯。

活动过程：

一、情景导入——激发幼儿表现兴趣

师：今天天气真好，听，是谁在唱歌？母鸡妈妈在唱歌呢。

(播放“小小蛋儿把门开”的视频，与幼儿一起唱一遍儿歌。一边唱歌，一边拿出小鸡。)

师：母鸡妈妈唱着歌，蛋宝宝都孵出来啦！

二、模仿小鸡形态——通过看视频和肢体模仿感受小鸡出壳的样子

(教师拿出仿真小鸡。)

师：小鸡刚刚出壳是什么样子的？我们来摸摸它。可要轻一点哦，不然它要受伤的哦！(幼儿可能回答：软绵绵的、胖胖的……教师回应：鸡宝宝有胖胖圆圆的身体，毛茸茸的毛。)

提问：我们来看看小鸡是怎么钻出蛋壳的呢？(等待幼儿回答。)

追问：你们觉得它是自己钻出来的，还是靠妈妈帮忙的呢？(等待幼儿回答，让每一个孩子都能够说说。)让我们一起来看看，好吗？

(播放动画视频，分段落进行播放。)

(一边看视频，一边模仿。)

第一段：“小鸡有尖尖嘴，笃笃笃，啄破蛋壳钻出来”

师：小鸡是怎么钻出来的呢？

（等幼儿回答，如果幼儿说不出，教师就提示“小鸡用什么啄破蛋壳钻出来”。）

重点提问：它是靠谁啄破蛋壳钻出来的？（期待幼儿回答“靠自己”。）

小结：小鸡是靠自己，笃笃笃，啄破蛋壳钻出来。

过渡：我们再来看看小鸡还做了什么事情？

第二段：“小鸡有细细腿，自己站起来”

师：小鸡怎么站起来？妈妈帮忙了吗？

（期待幼儿回答“自己站起来”。）

第三段：“睁开圆圆的眼睛，东瞧瞧西看看”

师：小鸡靠谁睁开眼睛？

（期待幼儿回答“靠自己”。）

师：自己睁开圆溜溜的眼睛，东看看西瞧瞧。

第四段：“扇扇翅膀，妈妈妈妈我来啦”

师：最后小鸡做了什么事情？需要妈妈帮忙吗？靠谁找到妈妈？

（期待幼儿回答“靠自己”。）

小结：小鸡靠自己，尖尖嘴啄破蛋壳，小鸡靠自己，细细腿站起来，小鸡靠自己睁开眼睛看一看，小鸡靠自己，扇扇翅膀找妈妈。

师：鸡妈妈真高兴，你们说小鸡是靠自己出壳还是要妈妈帮忙呢？

小结：小鸡一件事情都没有要妈妈帮忙，全靠自己！

（教师引导幼儿模仿。）

过渡：今天我们也来做小鸡，自己钻出蛋壳好不好？

【本环节设计意图：基于小班幼儿模仿性强、以直觉行动思维为主的特点，通过用肢体动作学做小鸡钻出蛋壳的样子，加深对小鸡基本特征形态和靠自己成长的品质的了解，为幼儿绘画做铺垫。同时，它也有别于传统教学方式中以教师示范为主，而是激发了幼儿主动学习小鸡“靠自己”的本领。】

三、幼儿操作尝试——尝试添画小鸡的形态

师：我做鸡妈妈，你们来做小鸡。咯咯哒，咯咯哒，我要下蛋啦，咯咯哒，咯咯哒，我要下蛋啦。（教师一边说一边把纸片放在桌上的篮子里）

1. 教师指导重点1——“小不点”长大了。

师：可是，鸡蛋里还没有孵出小鸡。（拿起鸡蛋在光线下照一照。）它现在还是一个小不点在蛋壳里。吃掉中间的蛋黄，长大一点，再吃掉蛋白，再长大一点。蛋白蛋黄都吃掉了，小鸡长大了才有力气啄破蛋壳钻出来！

师：鸡宝宝们，你们也来找一个鸡蛋的家，快快吃掉蛋黄，吃掉蛋白，长大吧！

(1) 小鸡，你已经吃掉蛋黄长大一点了，快把蛋白也吃掉。

(2) 小不点，你要长大吗？那就快快吃蛋黄吃蛋白，有力气！

(3) 哇，你的蛋黄蛋白都吃掉了，有力气钻出蛋壳啦！

2. 教师指导重点 2——小鸡靠自己钻出来。

师：你们把蛋黄蛋白都吃掉了，看来都有力气啄破蛋壳啦！

(1) 你想不想我来帮忙呀？（等待幼儿回答。）不想妈妈帮忙，自己钻出蛋壳。

(2) 你的嘴巴已经啄破蛋壳了，靠谁帮忙的？

(3) 我的鸡宝宝，你要我帮忙吗？

(4) 妈妈来帮你站起来好不好？

(5) 鸡宝宝出壳了，赶快去找妈妈。

当幼儿多画了几个鸡蛋，但是没来得及画完，教师可以说：这个蛋今天来不及孵出来，明天小鸡也可以靠自己钻出来。

【教师观察要点：

(1) 幼儿是否能够大胆表现小鸡的外形，并尝试用图形添加的方法加以表现。

(2) 幼儿是否主动绘画，感受小鸡靠自己长大的本领。】

四、体验快乐——感受成功钻出蛋壳找妈妈的有趣情景

师：带着毛茸茸的小鸡去捉虫吧！要我帮忙吗？（等待幼儿回答。）

师：你们真是长大了，捉虫都是靠自己，不要我帮忙啦！

师：咯咯哒，咯咯哒，鸡妈妈喊小鸡到身边，我们要回家啦！有谁要我帮忙抱回家的吗？（等待幼儿回答。）

师：你们都能靠自己，真棒！

【本环节设计意图：通过最后捉虫的情景，使幼儿自始至终都融入鸡宝宝钻出蛋壳的有趣情景中，进一步激发幼儿感受靠自己长大的愉快心情。】

大家一起真开心(中班)

执教者：浦东新区浦南幼儿园　刘　颖

通过图画书中各种儿童游戏画面欣赏，引导幼儿联系日常生活，体会大家在一起会玩法更多、更有趣。

活动实施

活动目标：

1. 再现生活情景，表现幼儿园丰富多彩的活动，体验和朋友、老师在一起的快乐。

2. 尝试在不同形状(方形、长方形和梯形)的纸上剪出弧线、修角，表现朋友各不相同的脸型。

活动准备：

1. 材料准备：

(1)《没有不方便》图书画面、孩子们的生活照片；

(2) 剪刀、不同形状的彩纸、记号笔、固体胶、背景方形卡纸、12 盒画笔。

2. 经验准备：有用剪刀剪直线和弧线的经验，并阅读过图画书《没有不方便》。

活动的重难点：

重点：对照观察对象(好朋友)，用剪弧线修角的方法剪脸型。

难点：创造和好朋友一起的情景画面，摆放图形并添画。

活动过程：

一、欣赏谈论——引导幼儿回忆幼儿园的生活

1. (欣赏图画书图片)最近，我们都看过这本书，名字叫《没有不方便》，你们觉得我们在幼儿园里玩，是一个人玩好还是大家一起玩好呢？(大家一起玩好。)很多人在一起可以玩什么？(踢足球、跳绳、追蝴蝶。)

2.(欣赏幼儿活动照片)我知道其实你们除了这三个游戏，平时和朋友在一起还做过很多事儿，有一起听故事(一个人听老师讲故事开心，还是大家一起听开心？大家听老师讲故事开心)、老鹰捉小鸡(可以一个人玩吗？)、捉迷藏(大家一起有躲有藏才能玩)。

小结：幼儿园里朋友多，可以和朋友在一起做很多事情，比一个人玩有意思多了。今天我们就来找找朋友，一起玩游戏！

二、操作尝试——观察好朋友的不同脸型

1. 找朋友——尝试用弧线修角剪出不同的脸型。

师：(逐一出示四个图形纸)我们的好朋友各个都长得不一样，有的朋友的脸是圆圆的；有的朋友的脸是长长的(出示方形和长方形纸片)；有的朋友的脸是胖胖的；有的朋友的脸是瘦瘦的。(比较观察，出示宽窄不同的梯形。)

一起来找好朋友，左看右看，先说一位好朋友，她(他)是谁。(可以轮流说，引起幼儿关注周围的朋友。)

找两位好朋友(请两位幼儿站在大家的面前)，比一比，谁是圆圆脸，谁是长长脸。

谁的脸蛋胖嘟嘟？（大家一起找。）

我们呢？这是这是这是……

圆圆脸蛋挑张方形纸，长长脸蛋挑张长方形纸，肉嘟嘟的胖脸蛋挑张梯形纸。

转动剪刀把四个角修一修，好朋友的脸蛋各个都不同！

2. 玩游戏——尝试摆放、粘贴图形。

师：找到三个朋友以后，今天我们玩什么？

（1）确定内容（如捉迷藏）。

谁来找？（说名字）站中间，圆圆脸朋友是谁呀？藏在哪里？两个朋友藏在一起好不好？（不好，很容易被找到。）长长脸朋友藏在哪里？

（2）还有什么没有画？（五官——好，画一画，发型——好，画一画，服装——好，画一画，藏的地方——好，画一画，幼儿说什么教师就回应什么。）

过渡：和朋友一起真开心，快去找朋友吧！

三、创作表现——我和朋友一起在幼儿园做什么

今天我们找朋友一起来玩。

1. 确定内容：你找朋友玩什么？要找几个好朋友？（引导幼儿确定题材：看图书、捉迷藏、讲故事、老鹰捉小鸡……）

2. 挑选朋友：今天你找谁？脸蛋什么样？（看一看周围的小朋友的脸蛋选脸型，选择不同形状的色纸，尝试修角剪脸型。）

某某找了 3 个朋友玩……（玩什么的具体名称。）

朋友有胖脸有圆脸。

朋友有男有女。

有的朋友多有的朋友少。

（建议：先把朋友都找到，再剪脸型，不要选一个剪一个，剪着剪着又把内容丢了。）

3. 和朋友一起玩，看一看，朋友们在哪里，能不能玩。（尝试摆放后再粘贴。）

老鹰捉小鸡：谁是老鹰，谁是母鸡和小鸡？

讲故事：听的人在哪里？讲故事的人在哪里？

赶小猪：大家怎么坐？中间是谁？

小结：摆一摆，放一放，贴上了就玩起来吧！

4. 越玩越开心：添画内容。

（想画什么就画什么，教师介绍幼儿的不同想法，例如：朋友穿的服装和活动对应的动作，在哪里玩等。）

过渡：幼儿园里朋友多，有趣的事情真不少。时间到，整理好材料，请坐。

四、分享故事——分享和朋友在一起做的事儿

师：我看到你们都在和好朋友一起玩，玩得很开心，现在让我们一起看看大家玩了哪些游戏？（将幼儿作品贴到 KT 板上）哪个游戏是你们最喜欢的？我点到哪一张，请玩这个游戏的小朋友介绍一下。

这些游戏能一个人玩吗？

举例一：我要一个人捉迷藏行不行？自己找自己可不行！

举例二：我要一个人玩老鹰捉小鸡行不行？又当老鹰又当母鸡和小鸡能玩吗？大家一起玩才开心。

小青花(大班)

执教者：普陀区回民幼儿园　吴燕华

修复青花瓷过程分为三个阶段，第一阶段：想象瓷猫的造型(个别化活动)。幼儿通过整体剪纸，剪成不同猫的外形。第二阶段：装饰青花瓷图案(集体活动)。参照故事中青花碎片上的纹样，排列成变化无穷的纹样。第三阶段(个别化活动)：参照图纸加工，制作瓷猫。幼儿用纸浆土将自创纸猫做成磁铁青花瓷猫，带回家珍藏，留下一段美好的回忆。

本次活动我们始终从内容出发，利用如意和波浪纹样，探索通过变换纹样大小、方向、多少等方法形成各种排列方式，尝试创造丰富多彩的瓷猫，表现青花瓷不同凡响的艺术美，进一步加深幼儿对青花瓷这一中华瑰宝的喜爱。

活动实施

活动目标：

1. 进一步发现青花瓷独特的图案美，加深对青花瓷的喜爱与爱护。

2. 利用如意和波浪纹样图案，尝试创造丰富多彩的瓷猫，表现青花瓷不同凡响的艺术美。

活动准备：

1. 欣赏材料：《小青花》图书画面、幼儿作品、小青花碎片图。

2. 幼儿工具材料：幼儿用白卡纸、剪刀、蓝色水笔。

3. 背景底板。

活动过程：

一、欣赏瓷猫，引发兴趣

1. 说一说故事的名称。

师：你们都听过《小青花》的故事吗？你看窗台上站着一只瓷猫，它有个好听的名字叫“小青花”。

2. 谈论：瓷猫为什么叫小青花，青花有什么特别的地方？

(1) 为什么叫小青花呢？看看它有什么特别的地方？

(2) 它的颜色有什么特别吗？用了哪些颜色？

(3) 找找它的图案和我们一般看到的图案有什么不同？

(4) 白底蓝花，名字就叫小青花。不是所有的白底蓝花都叫小青花。

【过渡：青花瓷是我们国家的宝贝，世界各地的人们都很喜欢它。】

二、操作尝试

1. 分辨青花碎瓷片上的两个纹样：如意和波纹。

小青花一不留神摔碎了，老爷爷说："小青花摔碎太可惜了，我来想办法。"

为什么太可惜了，它有什么不一样的地方？

青花瓷上有中国特有的纹样。

(1) 如意——一圈圈的像什么？（表示吉祥如意）

(2) 波纹——是不是和波浪一样？（表示一帆风顺）

这是我们青花瓷特有的花纹，很多青花瓷上都有如意纹样。如果你看到一个瓷器上有如意纹样的话，它有可能就是我们中国的青花瓷。除了如意纹样，还有一个纹样经常在青花瓷上出现，它是什么样的呢？

有个像彩虹一样的图案，这个图案又像什么呢？这个纹样又像彩虹又像波浪，它代表着一帆风顺。它的名字叫波纹。波纹和如意都是青花瓷上最特别的纹样。是不是每个碎片上都有波纹和如意的纹样？

这里还有很多碎片，我们一起来找找碎片中的如意和波纹纹样。

每人一块碎片，找找这块碎片中是否有波纹或是如意纹样？找到相同的纹样集中放一起。

看看大家都找到了吗？是不是都是如意纹样？老师指一处纹样，幼儿说纹样名字。结果真的都有如意纹样。我们也来看一看是不是都有波纹纹样，这么小的波纹纹样你也能找到。

最近你们和老爷爷一样，都在修复小青花，剪了很多纸样。但是，上面还没有上彩。上彩就是画上青花瓷特有的纹样。

【过渡：今天我们就和老爷爷一起做一件非常重要的事情，来看一位小朋友修复的青花瓷猫。】

2. 欣赏幼儿作品，发现纹样不同的排列方法。

瓷猫身上有没有波纹、如意纹样？在哪里？它们方向一样吗？头上、身上、脚上分别找到了几个波纹纹样？

瓷猫哪里还有波纹？脸蛋的两边也有波纹。头上的波纹和脚上的波纹，是背靠背还是面对面的呢？

如意纹样方向一样吗？有没有不同？

鼻子是一个如意纹样（两个圈合起来是一个如意纹样），许多如意纹样围成圈变成一朵花。

波纹多少有没有不同？哪个多那个少？

脸颊上左边有两圈波纹，右边有三圈波纹。如果这样的话，这个青花瓷不算太珍贵，因为这个是一个次品，脸上有一点不一样。错在哪里？可不可以修复？想个办法。在少的还是多的地方再加一圈，把它变成正品了。

这两个同样是波纹，它们的方向有什么不同呢？是面对面还是背对背？虽然波纹一样，但是方向一个朝左一个朝右。还有头上和脚上的波纹，它们的方向有什么不一样呢？

波纹和如意纹样可以这样排列，也可以其他方式排列，我们今天一起来试试。

【过渡：原来同一个纹样排列方法不一样，数量不一样，方向不一样就可以不断地变化。一个瓷猫一个样，千千万万个瓷猫千千万万个样，今天我们就和老爷爷一起加入修复小青花的队伍。】

三、修复瓷猫创造表现

1. 自选不同样式的瓷猫。

现在桌子上有很多纸猫，我们选一个来上彩。找到了就看一看在哪里画上青花瓷的图样，选的是波纹还是如意纹样怎么排列。

2. 按照猫的各部位特征，选取装饰纹样。

你选的是如意纹样，你也选的是如意纹样，你一个也没有选，这两个纹样，一般的蓝白猫都有，有青花瓷图案不一定就是青花瓷。

这个波纹中间是几圈，两边呢？中间一圈，两边两圈。真了不起，看上去这种青花瓷真是美丽。可以称为是最美瓷猫图案。

这是什么纹样？刚才有吗？看来你又修复了一个珍贵的瓷猫。千万别做成次品。

两只猫的眼睛，哪个是青花瓷猫的眼睛？青花瓷猫的眼睛用的是波纹，不得了。这又是新发明。

- 同样的波纹排列的方法又不一样，刚刚是叠起来，现在是面对面。眼睛加一个如意纹样做眉毛，不就是青花瓷的纹样了吗？另外一边面对面哦！

● 头顶上好像缺了一个纹样，加上哪个会更好看？

● 它们是怎么排的呢？

3. 探索变换纹样大小、方向、多少等方法，形成各种排列。

● 方向——这个波纹的方向可以变吗？朝左朝右，还是朝上朝下呢？

如意纹样也有新发明，面对面变成一个爱心，背靠背变成羊角、蝴蝶如意、S 如意、如意眉毛，四个爱心变成一朵花。背对背变成蝴蝶结如意、爱心如意、扇子如意。

● 多少——波纹说我的圈数也可以有变化，可以 3 圈也可以 4 圈。

波纹也有新发明，多少也可以变，3 个一组或者 2 个一组。

许多如意纹样转圈变成一朵花。

● 排列——又有一种新的排列方法，中间下两边上。

这是青花瓷的新发明，中间一朵花，上下两个。

哪里还可以加？腿上都有如意纹样，可以怎么排？

中间上两边下，下面呢？反过来，好看吗？

● 大小——如意说我的大小也可以变，一边大一边小。

● 涂色——如意纹样涂一点色会更好看，涂在青花瓷的图案上。两层波纹纹样上也可以涂一点色的，不然看上去很花。

【过渡：马上我们来展示了，看看大家修复的青花瓷。请把你们的瓷猫放到架子上来，看看放在哪一层。轻轻地放到架子上，千万不要摔碎哦。】

四、分享交流

1. 展示幼儿作品，分别寻找两种纹样的不同排列方法

● 有个瓷猫好像没有放在板上，下面是空的。等一会儿我们一起来检查。两个瓷猫没放稳，肯定要摔碎的，看看是第几排？第一排都在板上的。这是板的边，这么宽的板不放，待一会儿一烧摔碎了。稳稳当当放在桌面上。放在柱子上要打碎的。

● 窑洞关起来要生火烧制。

● 这么多瓷猫有没有一个样？修复瓷猫有希望了。

● 这个波纹怎么做出来的，一圈圈有一排有小点点，和其他的不一样了。

● 为什么老爷爷说太可惜了，这边波纹，那边也是波纹。方向数量一样吗？所以做出来有点不像青花瓷了。

2. 欣赏青花瓷挂件，激发参照作品，制作青花瓷猫的愿望

● 现在做好了吗，这是什么地方？所有的青花瓷都要放到窑洞里烧，烧好了以

后才能成为一个真正的青花瓷，纸样算不算青花瓷。纸样保留着，老师等会给你们白色的黏土，我们来做一个真正的青花瓷。烧一烧做成冰箱贴或者是挂件。

我们已经用绘画和剪纸的办法修复了小青花，下次我们去活动区试试用白色轻质彩泥和水笔做一个青花瓷猫，向大家介绍这是我们中国的青花瓷，是我们中国的宝贝。

幼儿作品欣赏

教研纪实

大班活动“小青花”教研纪实

侯小燕　吴燕华　黄　蓓　刘　颖

青花瓷，承载着古往今来中华儿女对美好生活的追求，历来便是中华文化的象征。它蓝白相间的色彩、朴实大气的纹样，无不显示中华民族的风格。虽然青花瓷自元代以来已有十分悠久的历史，但至今仍然不失风采地在民间广泛流传，甚至家家户户都可拿出几件青花瓷图案的器皿，幼儿对青花瓷并不陌生。由此我们选取具有中华特色的原创图画故事书《小青花》为素材，开展美术教学活动，旨在引导幼儿进一步发现青花瓷独特的图案美，加深对青花瓷的喜欢与爱护。

第一部分：《小青花》故事解读与改编

《小青花》中呈现的青花瓷，不是简单图解，也不是枯燥讲述道理，而是把中国的风景、人情、文化融合在精美的图画中，构成生动的故事，从而体会本土文化之美。

《小青花》围绕小花猫想让青花瓷猫成为一只真猫的故事情景展开，在风的帮助下，小花猫和小青花走过了古朴的小镇，绕梁的窗框，栩栩如生的陶瓷坊……这一景一物都还原了景德镇瓷镇的风貌，充满了民族文化的气息，在回味中国传统手艺老爷爷制作瓷器的过程中，溢出满满的瓷器之美和对瓷器满满的爱。故事结尾可爱的小瓷猫不小心碎了，从打碎了的小青花瓷猫里出现了一只真猫，跳进了混合着泥土和花香的油菜花田。书中写道：“油菜花田像金色的海一样，展开怀抱，拥抱了又一只真正的小猫。”这极具童话色彩的结局，作者似乎意指小青花来源于泥土，回归泥土活在人们心里的构想。打碎了的青花瓷成为了我们的遗憾，后来我们亲自去了一次景德镇，在景德镇的古窑民俗博览馆中，那一块块用破碎的瓷器铺成的林荫小道以及用碎片还原成的一个个牌匾给我们留下了深刻的印象。这让

我们恍然大悟：工人们用这样的"修复"方式诠释着我们中国青花瓷器的可贵，为使故事情节更符合幼儿的活动情景，我们将《小青花》最后的结局改编为：小花猫来到景德镇找陶瓷制作高手"老爷爷"想办法。紧紧围绕青花瓷打碎了太可惜，一定要想办法，将一只打碎的瓷猫修复为许多形态各异的瓷猫。又选取了图画书中碎片上的纹样和窑洞等画面，凸显青花瓷的独特，通过剪、画、塑造等多种艺术表现形式，让幼儿参与到模拟修复青花瓷的行动中，走近青花瓷、爱上青花瓷，进而萌发爱护青花瓷的情感。正如《3—6 岁儿童学习与发展指南》中所说，幼儿艺术领域学习的关键在于充分创造条件和机会，在大自然和社会文化生活中萌发幼儿对美的感受。

第二部分：挖掘青花瓷的历史背景和艺术特点

为开展这一活动，教师有必要对青花瓷有所了解，为此，我们不但广泛搜集相关资料，去上海"中国馆"参观景德镇瓷器展，数位教师又去瓷都景德镇实地参观体验，使我们对青花瓷有了进一步的认识。我们发现被誉为中国"国瓷"和"人间瑰宝"的青花瓷，它与中国传统水墨画有异曲同工之妙，给人以恬静舒适、赏心悦目的感受，其因具有浓郁的民族色彩和强烈的艺术感染力而蜚声中外。

青花瓷图案最初的创意是纹样左右、上下多变的对称和组合构成图案。纹样以点线面贯穿始终，配以中国的传统图案进行装饰，在造型上以主题纹饰和辅助纹饰密切结合构成整体，其主要方法是突出一组主题图案，其余均为辅纹。主要以整幅图画为主题，如人物故事图案，鱼藻图案，莲池及莲池水禽图案，芭蕉、家禽花鸟、竹石图案等。变形莲瓣纹是最主要的花纹图案，它包括各种花卉、杂宝纹或云头纹等，其中最常见的是如意云纹。如意云纹的画法又有两种，一种是用图案勾勒出，另一种是用青料将整个云纹涂满。

我们在景德镇接触了大量的青花瓷器，目睹了手工绘制和古今不同的烧窑制作历史，更发现现在的青花瓷不单单只以蓝色为主色调，还结合生活原态在青花瓷器上绘制属于该作品的原色，如以红为主色调的同种色相配，以绿为主色调的同种色相配等。瓷器的花纹除了保持原来的如意云纹、水波纹外，也不再只是对称创造，更多的是根据物品的生活原态，以一个主题贯穿于青花瓷器中。

在获得以上认识以后，我们又对怎样将青花瓷这一艺术形式深入浅出地介绍给幼儿进行探讨，最后确定按照幼儿的年龄特点，以绘本《小青花》中青花猫为基本造型，在色彩上选用蓝白两色，图案上选取如意和波纹两种纹样，激发幼儿创作的动机，启发幼儿运用对称的方法构成图案，使艺术创造源于绘本，回归绘本。通过对中国青花艺术的感受和创造，加深幼儿对民族文化的认同感，体现"民族的才是世界的"的实际意义！

第三部分："小青花"的活动设计

本次活动设计我们以加深幼儿对青花瓷的喜爱与爱护为出发点，主要在以下三个方面进行探讨：

一、强调过程性

在阅读故事以后，我们没有将美术活动封闭在集体教学活动中，而是将活动区与集体教学融为一体，采取剪纸、绘画、泥塑等多种形式，开展了模拟修复青花瓷的系列活动。

修复青花瓷设计分为三个阶段。第一阶段，是想象瓷猫的造型（个别化活动）。首先在活动区用目测剪纸的方式引导幼儿将白卡纸剪出各种猫的形态，把握制作青花瓷猫胚的外形。

第二阶段，装饰青花瓷图案（集体活动）。在集体教学中利用剪纸参照碎片上的图案，尝试利用如意和波纹纹样为卡纸白猫添画美丽的青花瓷对称图案。

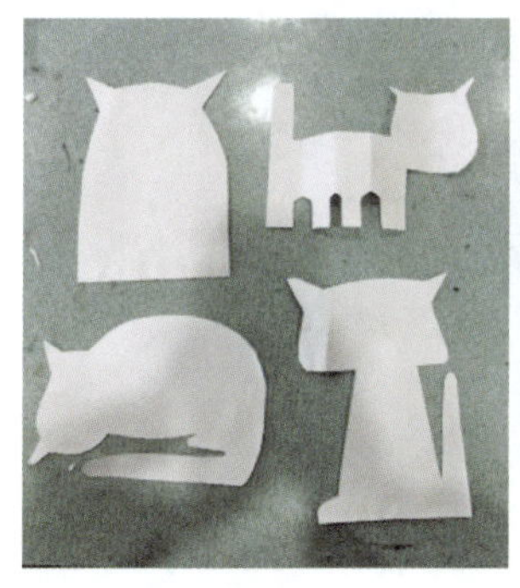

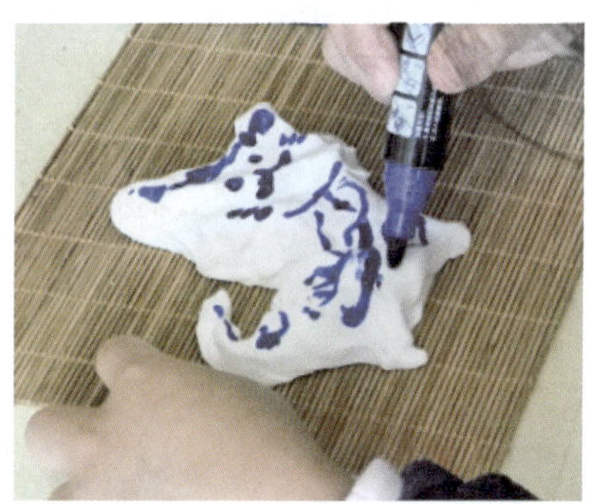

第三阶段：制作瓷猫（个别化活动）。继而又在活动区为幼儿提供白色造型土，引导幼儿借鉴自制青花瓷纸猫的外形与图案，进行整体塑造，又在绘制图案时再作调整，制作成磁铁青花瓷猫，带回家或贴在冰箱上，留下一段美好回忆。

二、抓住关键词，将“修复青花瓷”承上启下地贯穿始终

整个活动过程中，我们始终抓住“小青花打碎了太可惜，我们要和景德镇爷爷一起来修复它”这一主题，将修复作为一系列活动的动机，贯穿于整个修复的过程，使所有的幼儿都加入到修复小青花的行列，从剪猫的造型开始，一直到制作成泥塑猫的挂件，不断强化，幼儿喜爱与爱护青花瓷的情感不断升华。

三、凸显创造性

在本次活动中，怎样表现青花瓷图案至关重要，我们感到猫的造型多样，青花瓷图案又复杂多变，要让幼儿把握规律排列的方法难度较大。为扩大创造空间，经再三推敲，我们以做减法不做加法的原则，只提供两种纹样，排除多种纹样的干扰，在《小青花》图书里，选取了一张青花瓷碎片的图片，引导幼儿通过观察，先找出如意和波纹两个特色纹样。

波纹图案

如意图案

虽然只有两个纹样，但它们在大小、多少和方位上为幼儿创造图案提供了多种可能。我们运用观察胖猫身上如意（螺旋纹）和波纹，引导幼儿发现纹样可以不断变化排列，启发幼儿尝试自主排列纹样，形成各种图案。

简单的纹样解放了对排列方法的束缚和干扰，使幼儿在不断变化纹样的大小、方向中，产生了为小青花创造最美青花图案的积极性，即便出现不对称，也会立即设法调整，努力让自己的青花瓷猫不变成“次品”，形成一个瓷猫一个样，千千万万个瓷猫不重样，把修复青花瓷不断推向高潮。

活动后，我们对幼儿作品所显示的创意进行了归纳。

1. 头部图案的创造

 云纹对称＋旋转  同样云纹对称，但变化方向

 两个波纹对应，中间加上云纹的组合

2. 眼睛图案的创造

 眼睛是波纹和云纹的组合

 同样相同的组合，但是波纹方向不同

 云纹和圆组合的眼睛

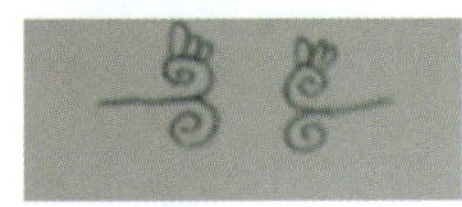 云纹背靠背，还有波纹

 波纹从小到大不连接

 云纹的螺旋排列

 两个云纹的组合

3. 脸颊图案的创造

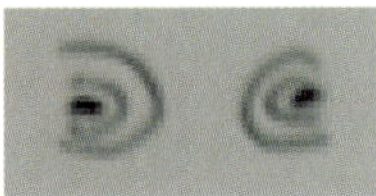 波纹的对称，背靠背

当中是云纹，上下是波纹

脸颊上的胡须——波纹连成花

4. 鼻和嘴图案的创造

鼻子云纹背对背，面对面组合

鼻子云纹对称

鼻子云纹、波纹上下组合

嘴是云纹面对面组合

5. 身体图案的创造

云纹面对面

波纹加线条的组合

云纹旋转成一朵花

云纹对称的不同排列

云纹排列左右对称

云纹螺旋的组合

尾巴图案波纹中涂一涂

波纹的上下组合

云纹面对面对称

身体底部七个波纹组合加上云纹装饰

云纹和波纹的不同组合

云纹和波纹的不同组合

波纹的变化排列

波纹上下翻转对称

云纹左右对称和波纹的组合

由此，我们体会到：

1. 图案装饰是有规律可循的。

2. 图案装饰的规律是可灵活运用的。

3. 幼儿创造图案装饰的途径是在内容的引领下跟着直觉走，到寻找多变的排列方式，再到不断尝试变化形成规律性的认识，最后找到更为精彩的直觉，打破原有的认识，产生新的创造火花。

在幼儿精彩的创造性表现中，不仅孩子有收获，我们也有收获。孩子有惊喜，我们同样也获得惊喜，我们和孩子共同成长。

第二讲

德育为先，手为心动（剪纸）

导语

形变魂不散：幼儿剪纸教学解读

陈 琦 李 晶 肖佳慧

一、剪纸在幼儿美术中的教育价值

剪纸是中华民族的瑰宝，直至如今，华夏大地仍然保持着用剪纸装点环境的习俗，成为我国历史悠久的文化遗产之一。海派剪纸更在其中熠熠生辉，成为幼儿艺术教育中不可或缺的内容。让幼儿接受我国传统剪纸的熏陶，体验民间剪纸的乐趣，培养心灵手巧的下一代，是我们每一个幼儿教师义不容辞的责任。

纵观各种形式的剪纸，东西方剪纸有很大的差别，我国剪纸讲究简约、夸张、玲珑剔透，在一张纸上剪出各种图像，达到一气呵成的效果。西方讲究拼接与叠加，采取多个形与色的组合构成作品。

幼儿剪纸首先应继承中国民间剪纸特色，同时兼容并蓄地借鉴不同的表现形式。提倡按幼儿的能力和意愿，鼓励大胆尝试、天马行空，创造别具一格的剪纸作品，大力彰显当下中华儿童极具童真的创新才能。

二、坚守“手为心动，形变魂不散”

剪纸是幼儿对客观事物的积极态度和由内而外的艺术表现。我们本着形式为内容服务的艺术创作理念，将内容视作一切剪纸的动因和灵魂，全方位地将增长知识、热爱生活、思考探索融入剪纸活动中。

幼儿曾在阅读《九色鹿》时对世界上究竟是否有九色鹿展开过讨论，因此我们尝试用剪九色鹿的方式，引导幼儿跟着兔弟弟继续去寻找，体会“一切皆有可能”。幼儿也曾在欣赏郭沫若的散文诗《天上的街市》后，发现诗中的描写竟然与我们身边的夜间街景十分相似，进而在自己剪成的星球上画起了身边的景象，形成了天上人间的美妙画面。在每一个剪纸活动中，我们都在努力体现对“手为心动，形变魂不散”的坚守。

实例

“小灯笼亮起来”
——剪出心目中动物的黑影，不畏惧黑暗

活动“小灯笼亮起来”来源于图画书《我有一盏小灯笼》①。故事从两条线索展开：明线是小朋友怕黑，小灯笼带给大家光明，只要有光，心中就有战胜黑暗的勇气；另外一条是暗线，讲的是同伴之间的友情和师生之间的情谊。选择这一题材开展美术活动，旨在打消幼儿害怕黑暗的心理，发现影子不但不可怕而且很有趣。

我们在活动设计时做了以下几个方面的思考：

1. 对故事进行适当的改编

(1) 减少了故事的人物

保留了原来故事中不断重复情节增加角色的线索，适当地将原来故事中的黑影人物简化为蜘蛛、刺猬和松鼠，为幼儿创造了把握线索后大胆想象续编故事的机会，使故事更为丰满充实。

(2) 设计了以下的对话

——啊呀，前面是什么黑影呀？我好怕，我好怕。

——不怕，不怕，我们在一起，小姐姐举起小灯笼照一照，原来是我的好朋友……

通过一次次拟人化的重复对话，让小灯笼照亮黑影，发现黑影其实都是我们的动物朋友，情节延续不断，更增添了朋友们在一起战胜恐惧的力量和勇气。

故事最后小灯笼突然熄灭，好朋友们进入突如其来的黑暗中，惊吓万分，“啊呀，前面是什么黑影呀？我好怕，我好怕。”这时老师提着一盏大灯笼迎面走来，老师说：“不要怕，有我在……”给所有的孩子们带来惊喜，同时也显示了一位老师的责任和担当。老师不但照亮了树林，也照亮了所有孩子的心。故事中同伴之间深深的友情，师生之间浓浓的温情，打动了孩子，也感染了每一位教师，这也是选择这本绘本作为此次活动题材的原因。

① 甘大勇著绘.《我有一盏小灯笼》. 中国福利会出版社，2014.

2. 选择用目测整体剪纸的方式让孩子表达感受

目测整体剪纸就是用剪刀完整地剪出物体的轮廓，它和黑影非常相似，剪下后能在背面添画动物的各种特征，使形态更为生动，可以引导幼儿利用自己的作品进行生动的重复对话，更增加了活动的趣味性。

由于目测整体剪纸图像难易差距很大，我们按照幼儿的现有水平，选取了结构较简单、特征明显的动物图像供幼儿选择参考，引导幼儿进一步了解观察外形、确定位置和下刀部位的基本步骤。幼儿无论选择哪一个动物图像，都是在组合剪纸的基础上挑战把握整体、表现特征、一气呵成的能力，我们并不必拘泥于像与不像，更在意突显幼儿不同于成人的生动表现，引导他们有兴趣剪出心目中动物的黑影，克服害怕黑影的心理，身临其境地感受同伴之间的友情和师生的情谊。

实例

“数高楼”

——体验城市日新月异的变化，激发幼儿热爱家乡的情感

“弟弟和妹妹，手儿拉着手，大家抬起头，一起数高楼。一层楼、二层楼、三层四层五层楼，六层楼、七层楼、八层九层十层楼，都在云里头。”

这是一首耳熟能详的童谣《数高楼》，它朗朗上口，幼儿经常伴随着童谣玩起“数高楼”的音乐游戏。此活动中，我们将童谣用作剪纸教学媒介，以长方形为基本造型，在上部用剪一刀换个方向的方法任意剪出顶部的外形，就能变换出不同风格的房屋。但离开生活的创造是无意义的，我们发现幼儿对高楼的认识，往往只局限于所居住的城市中的著名标志性建筑，反倒对身边的高楼并未引起关注。

为此，我们就从幼儿身边的高楼入手，通过散步观察，发现它们各不相同的特征，又拍成照片，引导幼儿在剪纸中再现身边的高楼。这一做法激发了幼儿对高楼的好奇心，他们从教师引导观察，到上学路上时时刻刻关注，并与同伴分享。伴随着实际观察，幼儿从无意识剪出造型，到逐步提高按自己的意愿剪出别具一格房屋的能力。

教师不失时机地将幼儿发现的高楼与作品布置在活动室里，每天变化的环境又使幼儿不满足于剪高楼，他们延伸了数高楼的兴趣，将画窗、剪窗、剪阳台等多种方式表现楼层的方法创造性地运用在作品上。城市日新月异的变化，进一步激发幼儿观察表现的兴趣，并给幼儿创造了无限想象的机会，激发了幼儿热爱家乡的情感。

实例

“油菜花开”
——亲近大自然，发现田野中花朵聚集成海的春天景象

从三月份开始，油菜花就渐渐开放，走在乡间，几乎所有的田野都呈现为开满黄色花朵的油菜花田，一大片油菜花聚集开放的自然景观震撼着我们每一个人，成为春天最醒目的季节特征。

在中国油菜花开得最旺盛最美的地方是在江西婺源篁岭，它被誉为“全球十大最美梯田”之一。走进婺源江岭和篁岭，层层金黄的梯田油菜花与白墙黛瓦的徽派建筑相互辉映，就像一幅幅唯美的天然画卷。在我国，油菜花的分布极其广泛，近到江苏、浙江，远到北京、云南，甚至在西藏、青海、内蒙古等地都有油菜花开放。上海种植油菜花最多的地方在奉贤，每年三月份都会举办油菜花节。现在油菜花不仅仅在田野里开放，在城市里，小区、公园、我们的幼儿园里都会种植油菜花，使身居城市的孩子们也能充分感受大自然美丽的景色。通过这个活动让孩子亲近大自然，不仅看到城市里的花朵，

更要将视野拓展到农村去，拓展到更广阔的田野去，发现田野中花朵聚集成海的春天景象。

近看我们会发现油菜花都是四瓣花，一朵朵像蝴蝶飞舞。关于油菜花的特点、作用等，我们做了详细检索。油菜籽怎样炸成香喷喷的菜油呢？我们带着问题又去翻阅了资料。

虽然这些知识储备不是都要讲给孩子听的，但是当孩子有问题了，老师丰富的知识储备就可以给予最准确的回应，满足幼儿的好奇心。

我们通过引导幼儿由远及近地观察油菜花，加深幼儿对油菜花的感受，进而对照油菜花的特征，以对折剪纸尝试运用一折四的方法，在判别纸边与折边的空间位置寻找花心，分辨中心与四边不断探索剪出油菜花瓣。之后，老师又给幼儿一些长条纸，鼓励他们探索更快更多地剪出油菜花的方法。随着活动的推进，我们共同营造油菜花从初春开放，到逐步盛开，再到引来蜜蜂飞舞其中，一幅幅画卷如电影镜头般展开，最后呈现春意盎然的精彩瞬间，给予幼儿强烈的视觉享受，从而感受大自然的魅力所在。

实例

“跨海大桥”
——体验我国桥梁建设者勇闯科技难关建造港澳大桥的辉煌成果

2018年，我国自行设计和建造的跨海大桥港珠澳大桥胜利通车，消息传来，全国一片欢腾，这不但是中国也是当今世界造桥史上一件很了不起的事情。随着上海第一座跨江大桥南浦大桥建成，杨浦、奉浦、卢浦大桥等陆续在江面上架起。之后，我国造桥工人又开启了建造跨海大桥的新征途，东海大桥、崇启大桥，均有一段跨海的桥面，而港珠澳跨海大桥，跨海的长度和沿途海域的复杂程度都远超过去，甚至在世界上都属罕见，可以说每延长一段其中的技术含金量更高。其间，造桥面临的挑战和艰辛可想而知。这一切都不是单凭热情和勇气就能克服的，需要的是高科技的力量、持之以恒的坚持和同心协力的努力。

我们曾听到这样一个小故事：这是中国第一次在外海环境下建成的沉管隧道，可以说是从零开始。工程师找了当时世界上最好的一家荷兰公司合作，人家开了个天价：1.5亿欧元！当时约合15亿人民币。最后谈判中我们提出3亿人民币，只买一个框架，但是荷兰人不同意，必须打包一起出卖，最终谈判破裂。荷兰人不相信我们能攻克技术难关，戏谑地笑了笑：“我给你们唱首歌，唱首祈祷歌！”因此，工程师决定走自我研发之路，掌握核心技术，最终攻克这一世界级难题。大桥历经八年终于顺利建成并通车。

虽然，港珠澳大桥离上海很远，目前大多数成人和小朋友还不可能亲身经历，但是，它和卫星上天、建立航天空间站一样，突出地显示了我国当今最前沿的科技成果，是伟大中国复兴，实现中国梦的突出事例，应该在第一时间让幼儿感受到作为中国人的无比自豪。

但是，要将这样一个科技含金量极高的题材介绍给幼儿有一定的难度，必须符合幼儿思维具体形象的特点，凸显大桥的特点和震撼力。为此我们全体组员各显其能，广泛地寻找各种素材，例如新闻报道、图片画片、录像图书等，经过筛选，决定以最具有代表性的三座桥塔为基本内容，借助宣传短片，引导幼儿一次次地观看，了解大桥的全貌。

我们又找来最新出版的图画书《超级大桥通车了》[①]，对每一张图片用浅显的语言进行解读，然后投放在阅读区，让幼儿在阅读中细细观看图片。在读图理解内容的过程中，教师参与其中，对幼儿的疑问深入浅出地进行解释。幼儿在阅读中对大桥了解越多，感情也越深，还用建构材料试着搭建起大桥来。

此时，我们继续趁热打铁，为幼儿创设表达自己向往的机会。美术是最形象地表达认识和情感的方式，我们发现孩子最感兴趣的就是三座桥塔，这三座桥塔分别是风帆塔、海豚塔、中国结塔，每座桥塔都有各自含义，如一帆风顺、人与海洋动物和谐共处、三地文化交融，因此我们将其作为了美术活动的题材。

通过对不同的艺术表现形式进行再三比较，我们最后选择了剪纸这一传统美术创作的方式。联系桥塔的特点，以按步骤剪纸的方式，启发幼儿学当未来造桥工程师，一丝不苟地折好剪好每一步，并为未来桥塔赋予美好的寓意。幼儿在不太长的时间内不断迎接适度的挑战，在共同努力中，未来跨海大桥在他们手中渐成雏形，由此产生强烈的视觉冲击力，将给幼儿留下深刻的印象。

① 田恬、曹慧思著，管治国绘.《超级大桥通车了》.北京科学技术出版社，2018.

三、幼儿目测剪纸教学的探索

（一）沿轮廓剪与目测剪纸的区别与关系

剪纸有沿轮廓线剪和目测剪纸两大类，沿轮廓线剪即沿着画好或印好的轮廓剪图像，是锻炼幼儿手部肌肉灵活性的极好方法。它的不足是必须依赖事先画好的图像。而目测剪纸则直接剪出图像，但对幼儿空间知觉能力有很大的挑战，我们提倡把选择权交给幼儿，什么方便就用什么，鼓励幼儿尝试目测又不做过多限制。

例如：在开展主题活动“我们的身体”的时候，幼儿萌发了当医生的愿望，特别是外科医生灵巧准确的双手更让幼儿佩服不已，为此，我们结合生活经验开展了“削苹果”的剪纸活动，引导幼儿试着从纸苹果的底部沿边一圈一圈地往里剪，努力使苹果皮剪得长而不断，一次次地锻炼自己的双手，这一活动引起了幼儿极大的兴趣。

由于目测没有规定的线条限制，幼儿完全可以按照自己的能力决定苹果皮的粗细，我们发现幼儿每一次模拟削苹果时都比上一次剪得细了一些，并从只顾及“剪得细”到关注“不能断”。由于目测剪纸不受统一线条的限制，给了幼儿充足的不断探索尝试调整挑战的机会，极大地调动了幼儿学习的积极性。

（二）幼儿目测剪纸的基本方法

虽然目测剪纸的方法很多，但有些十分复杂。我们在学习海派剪纸基本技法以后进行了归纳，又从幼儿的年龄特点出发，根据他们的理解和动作水平，归纳了以下八个由浅入深的基本剪纸方法，分别是：剪直线、沿轮廓剪、组合剪纸、整体剪纸、对折剪纸、镂空、重复折叠剪纸、按指定步骤剪纸等。这八个基本方法中，第一、第二个方法主要是围绕熟悉使用剪刀，提高手眼动作协调性展开，从第三到第八个为目测剪纸的方法，这些方法之间均有着内在的联系。

无论教幼儿学习哪一种方法，都应将内容视作一切剪纸的灵魂，而不是在意剪得是否精巧，必须灵气十足。

1. 剪直线（示例：“五彩饭”）

剪直线是幼儿剪纸的起步，两三岁时就可开始。由于幼儿手指小肌肉没有力度，会遇到“剪不断”的困难。教师通常会给孩子们准备较细的长条纸，以颜色命名为青菜、鸡蛋、肉类等，但是幼儿只是在盲目地练习，完全没有和自己吃的“五彩饭”联系起来，结果成了千篇一律的动作练习。

针对这一问题，我们为幼儿提供了日常接触到的菜肴图片或照片，幼儿在制作五彩饭时，就联想到他们的午餐，有的剪青菜和肉想象成“上海咸酸饭”，有的剪鸡蛋和小葱想象成“蛋炒饭”。他们在午餐时看到“五彩饭”里有香菇，也会提出请老师准备纸质香菇，尝试做起了有香菇的“扬州炒饭”，这样就使空洞的“五彩饭”活动有了实际的意义。

2. 沿轮廓剪（示例：“月亮船”）

每年中秋时分，我们都会开展与赏月有关的活动，月亮船的歌曲和故事很受幼儿欢迎。我们就在活动室里布置一个可以渐渐升空的大月亮，乘坐月亮船的朋友当然就由幼儿自己来担当。我们启发幼儿画一画心目中的对象，沿着轮廓剪下后，与他同坐上月亮船升空遨游。幼儿由最初的和家人乘坐月亮船，到和幼儿园里的朋友一起乘坐月亮船，之后又发展到自定主题，例如，请周围为大家工作的叔叔阿姨，请故事拔萝卜中的人物等乘坐月亮船。

3. 组合剪纸（示例：“一百只兔子想唱歌”）

组合剪纸就是把一个物体分成几个基本部分，分别剪出特征后进行拼贴。

《一百只兔子想唱歌》[①]是一本原创的中国图画故事书，说的是一百个兔子想唱歌，可是他们每人只会唱一个音，都不能唱好一首歌。后来，大家想出了轮流地唱自己的音的好办法，终于唱出了优美的歌声。知道了故事内容后，我们就引导幼儿每人用组合剪纸的方法制作一只兔子，和同伴的兔子合起来试着一起唱歌。

我们为幼儿提供了三张长方形纸，一张色纸和两张白纸。色纸用来剪服装，可以剪出领子、袖子、口袋等进行加工。一张白纸剪四肢，短边对折两次，剪出矮矮胖胖的兔子，长边对折两次则剪出高高瘦瘦的兔子，粘贴四肢时还可变换各种动作。另一张白纸，则启发幼儿将耳朵连着头部一起剪，此处就是整体剪纸的起步。在组合剪纸的基础上逐步为引导幼儿把握整体造型创造条件。

4. 整体剪纸（示例：“小灯笼亮起来”）

目测整体剪纸就是用剪刀完整地剪出物体的轮廓。在“小灯笼亮起来”活动中，我们给幼儿提供黑纸用来制作黑影，剪下后还可在背面添画动物的各种特征，使形态更为生动。幼儿利用自己的作品进行生动的对话，更增加了活动趣味性。

无论是哪种目测整体剪纸，都要掌握以下三个要点：

（1）心中要有对象的图像，即把握它的整体造型和明显的特征。

（2）目测确定图像在纸上的大致位置。

（3）想一想第一刀从哪里开始，不必拘泥从上到下或从左到右，而是思考哪里入手更为方便。

---

① 刘保法著，邓正祺绘.《100只兔子想唱歌》. 中国福利会出版社，2017.

由于幼儿心理表象不够清晰，常受表达困难的困扰，因此我们挑选了幼儿喜闻乐见的动物图像供幼儿参考。这些造型不但简约，基本特征明显，而且基本没有前后重叠的轮廓。通过给孩子提供欣赏和观察的机会，孩子对此产生兴趣，才会做到心中有物。在幼儿剪纸时，老师不必拘泥于像与不像，而是在意幼儿天马行空的创造，鼓励幼儿相互学习，从而有兴趣剪出心中的图像。

5. 对折剪纸(示例:“油菜花开”)

对折剪纸也是整体剪纸的一种方式，或者说是整体剪纸的发展。在生活中，我们会看到许多物体的外形是上下或左右对称的，运用对折剪纸的方法更为方便。对折剪纸的前提，是首先图像要有一个非常清晰的轮廓，而且要有从一半到整体的空间想象。比如说树叶，沿轮廓剪，剪出来的两边是不对称的。如果将纸对折，找到折边再剪，剪出的叶子左右就对称了。风筝也是这样，无论是燕子风筝还是蝴蝶风筝，基本上都是左右对称的。又如故事“三只蝴蝶”里有三只蝴蝶——红蝴蝶、黄蝴蝶、白蝴蝶，要把三只蝴蝶都能画成大小相同、左右两边翅膀对称几乎不可能，但是用对折剪纸的方法就能将这个难点轻松解决。

“油菜花开”是在对边折的基础上，再对边成一折四，剪出一个花瓣，打开就成了四瓣大小和形状都一样的花瓣。在折叠中，由于纸张的转动，给幼儿带来困扰，我们看到有的幼儿把花心剪掉了，有的幼儿将四瓣花剪碎了，老师要允许他们失误，并从帮助幼儿分辨纸边和折边入手，判断下刀的位置，这样失误就会逐渐减少。之后，幼儿还会创造出许多剪得快，或剪得多的妙招。及时地分享，更能使他们获得创意表现的成就感。

6. 镂空(示例:“红灯闪闪亮”)

镂空也是对折剪纸的一种形式，前者是对边折后在纸边剪纸。镂空则是对边折后在折边剪纸。镂空可以说中国剪纸的一大特色，使作品显现玲珑剔透的效果，如花边一般，也是幼儿十分欢迎的表现形式。幼儿的兴趣和我国民间剪纸的特色不谋而合。幼儿常用的镂空纹样有两种：一是锯齿——用斜线剪出齿状的效果；二是波纹——用弧线剪出波浪状的效果。这两种纹样的剪法十分简便，由此可以产生千变万化的纹样。镂空又有两种形式：一是阴刻——对折后在内部镂空剪出物体外形；二是阳刻——镂空不需要的部分，留下图像的各种特征。

幼儿一般起步于阴刻，但是在熟悉阴刻以后，也可向幼儿介绍阳刻的方法。“红灯闪闪亮”活动就是在春节期间，尝试用阳刻的方法在灯笼里剪蜡烛，老师只是剪了一支蜡烛，可是，幼儿却剪出数支蜡烛，最多的竟然有十余支，大大超过老师。

幼儿在运用镂空方法的时候，我们也会时常看到这种阴刻和阳刻的灵活运用，为剪纸增添一番情趣。

7. 重复折叠剪纸(示例:"平平安安")

重复折叠剪纸,是由对折剪纸发展而成。对折是从一半变成一整个,而重复折叠就是将纸不断地折叠后剪出多个相同又连在一起的图像。

例如元宵节点灯活动"平平安安",就是将四个瓶子连在一起剪,点亮一盏灯。我们会发现剪一个瓶子就用对折剪纸的方法,如果将纸一折四,再对折一次,剪半个瓶子打开来就是四个连在一起的瓶子。一折四的方法有很多,可以对边一折四,也可以对角一折四,还可以用长条纸反复对边一折四等。只要幼儿能分辨纸边和折边,完全可以由他们自己来决定折叠的方法,其中还能运用镂空,运用阴刻或是阳刻。镂空成什么图样有很多创造表现的机会,把这四个瓶子折一折,粘贴起来就是一个立体的瓶子,里面放一个小电灯,就可以立刻点亮这个妙趣横生的元宵节平安灯。

幼儿在对折后一剪四的基础上还可尝试变化折叠一剪五、一剪六等。

8. 按指定步骤剪纸(示例:"跨海大桥上的桥塔")

俗语说:画无定法,就剪纸而言更是如此。可以说,只要心中有图像,哪里顺手就可从哪里下刀。剪纸时前后翻转、上下颠倒也未尝不可,很多步骤可以让幼儿自己决定,但是有一些图像,必须按一定步骤,如"港珠澳大桥桥塔",如果没有按步骤剪,是无法剪出图像的。其他诸如剪"吉祥字""人""瞎子摸象"等也都必须按一定的步骤顺序才能完成。这些步骤可以由老师和孩子们共同讨论来确定(例如桥塔),也可由孩子自己确定。

这对幼儿思维的条理性提出很大挑战,如果对剪纸图像没有按照顺序想清楚,剪到后面就会顾此失彼,甚至不知道自己剪到哪里了。如:"瞎子摸象",从哪里开始剪都可以,但一定要想清楚先后顺序,先尾巴、背再到鼻子、腿等;或者先鼻子、腿再到尾巴、背。无论怎么颠倒顺序,这四个步骤不能少。对摸象的手,也要按照故事内容一个也不能遗漏。有关顺序的思考并不是抽象的,只有将剪纸步骤和实物建立联系,才能使幼儿理解剪纸步骤的意义,努力思考剪纸的顺序,对幼儿思维逻辑性的发展很有帮助。

以上的基本方法既不是与某个图像一一对应,也不是孤立的存在,而是在变化的内容中不断重复和综合运用,给幼儿创造表现提供了广阔的天地。

四、幼儿剪纸教学的基本原则

在摈弃以模仿为主要模式,倡导继承与创新的剪纸教学中,我们始终把"形变魂不散"记在心中,牢牢把握以下三个原则。

（一）内容是灵魂：方法与内容合二为一

以“跨海大桥”活动为例，我们感到如今跨海大桥日益增多，就上海来说，有跨海的东海大桥，从浦东通往浙江洋山深水港，更有不少斜拉索桥塔，但是每座桥塔都不一样。要剪出跨海大桥，如何凸显内容是灵魂，我们不是要将对边折、压平折边、再折两条边、再对边折等方法抽象于建造大桥之外，而是将每一个剪纸步骤都与建造桥塔结构的真实情景紧密相连，给每一个步骤都赋予意义。

在幼儿折叠剪出桥柱时，我们反复强调的是努力让桥柱站得直，高高地站在海面上，18 级台风都吹不倒；将折叠桥面比作铺设桥面，让大小车辆顺利通过，还可提高车速。在剪绳索时，更是将第一刀比作安装，第二刀比作拉紧，第三刀比作固定，使幼儿每剪一刀都充满了未来成为一名工程师的期盼，努力做到精益求精，把桥塔每部分都造得又漂亮又安全。

每每幼儿遇到困难和挫折，我们从不说“没关系”“下一次”等的安慰话，而是鼓励他们想一想办法，再试一试，“做个不气馁的造桥工程师”，对未来造出更长、更牢固、更美丽、更先进的大桥充满着期盼。

内容和方法的结合，摆脱了以往技能为先的教学方式，使单一的教成为幼儿的主动思考和探索的学，幼儿思维日趋灵活，表现更具独创性。

（二）探索是根本：留有余地不设限

虽然每一个剪纸活动都有既定的目标，但是又必须关注幼儿的艺术表现极具个性化的特点，因此，我们在每个剪纸活动中，都将目标设定一定的弹性，留有余地不设限，将幼儿放入自主探索的环境之中。

例如“油菜花开”活动，虽然幼儿都在尝试一折四剪四瓣花，但是，我们提供的纸却大小不同，有正方形和长方形两种，目的是不给幼儿任何限制，给幼儿充足的机会，调动幼儿探索剪得又快又多诀窍的热情。

“小灯笼亮起来”活动也是如此，在教学时，教师只是用问题讨论的方式，帮助幼儿梳理了整体剪纸的三个要领，没有对剪纸的对象做任何规定。这种对剪纸图像的不设限，使每位幼儿都能按照自己的能力自主选择，正是在这样宽松的环境下，好几位幼儿在剪了一个黑影以后又剪了第二个。

在“小青花”活动中，幼儿在自己已经剪成的纸质猫上画图案，这些纸质的猫，形态各异，教师就是在引导幼儿观察把握猫的基本特征后，先在心中形成猫的模样再剪猫，鼓励幼儿自定剪纸步骤，对选择形态不设限。

（三）创造是源泉——活跃思维，自主探索

纵观以上的活动，我们都会发现艺术灵感和约束是成反比的，只有创造才能最大限度地激发幼儿自由表达的热情，最大限度地释放对周围事物的真情实感。表现内容是创造，学习方法也是创造，两者必须相辅相成。

让我们回顾"油菜花开"四瓣花折叠：在折叠中初步发现2个对折后变4个。教师的问题是：1个对折变2个，2个对折后变几个？幼儿理解之一："3个"（以加法递增判断）。之二："4个"（以倍数递增判断）。这是发生在大多数四到五岁的幼儿之间，此时我们的对策是不用对错评价，采用折叠后打开纸张观察求证。

中班下学期或大班上学期，经过一段时间的探索以后，教师再次设问：4个对折后变几个？幼儿理解之一：5个（仍以加法判断）。幼儿理解之二："8个"（初步发现2—4—8的倍数关系）。当然也有幼儿说：6或7。这就属于不假思索地胡乱猜测了。

我们分析部分幼儿以此推理8的对折为16，是对翻倍有了初步的理解，部分幼儿仍然不理解。此时我们的对策是不急于去教，而是给机会，多次开展折叠活动静待花开，待大多数幼儿初步建立倍数基本概念后在大班开始新的探索。

大班幼儿已不满足剪四瓣或八瓣花。开始探索5瓣花的剪法，可是4瓣花只能对折剪出8瓣花或16瓣花，怎么也剪不出5瓣花。在教师的启发下，幼儿发现5是2个半的翻倍。于是他们开始折叠两个半的探索，发现折成2瓣花后，移动花瓣，留出半片花瓣，再对折成4瓣花，添上一瓣花瓣就可成五瓣花。虽然这样折叠剪出的花，由于目测不太准确，常会大小不等，远不如剪纸书上的工整，但是我们觉得它符合幼儿的思维水平，是幼儿经过探索可以理解的方法，为此，我们尊重幼儿的想法，将此方法介绍给更多的幼儿。这一方法的发现大大激发了幼儿自主探索的积极性，他们又开始自主探索6瓣花的折叠，由5瓣花推理出必须先折3瓣花。在探索的过程中很多幼儿无须引导很快就领会把握，对折后一折三，再对折剪成了6瓣花。也有一些幼儿开始反复折叠不得要领，此时教师不演示、不强求，幼儿自己经过反复探索，最终成功剪出6瓣花时个个欣喜若狂。以前教师一直以为剪五角星或雪花是幼儿无法逾越的难关，然而在幼儿的自我探索中这一难点竟然得到了化解，而且幼儿创造出的方法，似乎比教师原来采用的方法更胜一筹。我们从这个实例中体会到剪纸的方法不一定完全都由教师来教，也可由幼儿自己发现创造，让剪纸创造成风才是幼儿剪纸的理想境界。

活动方案

小灯笼亮起来(中班)

执教者:徐汇区童稻幼儿园　陈　琦

活动实施

活动目标:

1. 打消幼儿害怕黑暗的心理,发现影子不可怕而且很有趣。

2. 尝试剪各种动物的轮廓并添画特征,再现影子中的图像。

活动准备:

1. 故事《我有一盏小灯笼》中的画面:(1)小姐姐提着灯笼走夜路;(2)蜘蛛、松鼠、刺猬的影子和图像。

2. 黑色卡纸、油画棒、剪刀、会亮的小灯笼。

活动过程:

一、听故事、分辨黑影

1. 听教师讲故事,了解故事背景。

2. 跟随故事情节猜一猜:蜘蛛、松鼠、刺猬的影子,并用图像证实。

(1) 出示蜘蛛影子。

——啊呀,前面是什么妖怪呀?我好怕,我好怕。

——不要怕,不要怕,小灯笼照一照,黑影是谁呀?有个圆圆的,甩动着许多手臂在空中荡来荡去的东西。

(幼儿看图形推测,教师用点亮灯笼的方法证实图像)原来是好朋友蜘蛛。

(2) 出示松鼠影子。

教师讲述：蜘蛛说："我觉得墙那边也有怪物!""我好怕，我好怕。"

——小姑娘说："不要怕，不要怕，我们两个在一起，小灯笼照一照，黑影是谁呀?"出示松鼠影子。

(幼儿看图形推测，教师用点亮灯笼的方法证实图像)原来是好朋友松鼠。

(3) 出示刺猬影子。

教师讲述：松鼠说："我觉得后面跟着一个怪物!""我好怕，我好怕。"

——大家说："不要怕，不要怕，我们三个在一起，小灯笼照一照，黑影是谁呀?"

——咦? 这是什么呀? 像个圆球，却长着许多刺。

(幼儿看图形推测，教师用点亮灯笼的方法证实图像)原来是好朋友刺猬。

教师讲述："嘘——小声点，我觉得周围都是妖怪。""我好怕，我好怕。"

——不要怕，不要怕，我们四个用小灯笼照一照，原来都是我们的好朋友。

二、想象森林里会出现哪些动物的黑影，思考剪动物影子的方法

1. 森林里真的有妖怪吗? 那么它们会是哪些调皮的动物朋友呢?

2. 谈论怎样用长方形的纸剪动物们的影子：

(1) 确定纸的方向；(2)在纸上安排大致位置；(3)思考从哪里下刀。

三、创造表现

1. 选取一个动物，对照动物特征，剪出大致外形。

教师："后面跟着一个怪物! 好可怕，这是谁呀?"幼儿介绍："原来是好朋友×××。"(说说它的明显特征。)

2. 根据黑影形象，用油画棒添画动物特征。——不怕，不怕，举起小灯笼照一照，黑影是谁呀? 原来是好朋友×××。

3. 将黑影粘贴到展示板上的树林里。

四、分享交流

1. 教师讲述：突然，小灯笼熄灭了，好像到处都是怪物，大家一起叫起来："好怕，好怕！有妖怪！"这时，远处有个亮亮的小光点，那个小光点越来越近，原来是老师。老师举起小灯笼说："不怕，不怕，有我在。"

2. 从幼儿剪纸黑影中找一找，哪个黑影最像妖怪，小灯笼照一照，翻转黑影："哪里是妖怪，原来是好朋友。"

3. 被找到的动物又叫起来"好可怕，有妖怪！"大家一起找哪个黑影最像妖怪，如此重复2—3次。

4. 小灯笼照一照，都是好朋友。原来没有什么妖怪嘛，大家在一起更不用害怕了。

油菜花开(中班)

执教者：虹口区西街幼儿园　肖佳慧

活动实施

活动目标：

1. 初步尝试用对边折两次的方法，剪出四瓣花型。
2. 感受春季田野油菜花开的优美景色，激发热爱大自然的情感。

活动准备：

1. 油菜花开的照片，田野背景图。
2. 不同大小的方形黄色纸、剪刀、固体胶。

活动过程：

一、欣赏谈论

1. 观察油菜花：这是什么花？油菜花是什么颜色的？有几瓣花瓣？油菜花谢了会结成什么？油菜籽有用吗？

2. 春天到了，漫山遍野的油菜花开放了。我们去田野里看看吧。

(由远到近逐一出示照片欣赏)油菜花远看近看都好看。

(1) 远看像什么？(像金黄的毯子、花的海洋……)

(2) 近看又像什么？(像蝴蝶飞舞……)

3. 蜜蜂来做什么？在哪里采花蜜？

(小蜜蜂钻到花蕊里采花蜜，采了花蜜才能酿成蜂蜜，蜜蜂在采花蜜的时候腿上还会带着花粉，帮助油菜花结出油菜籽。)

4. 大人小孩都来到田野里看油菜花，欢迎春天到来了。

二、操作尝试：把一朵油菜花放在放大镜下看一看

1. 它有几瓣花瓣？蜜蜂在哪里采花蜜呢？

2. 剪一朵油菜花试一试。

(1) 一朵花四个花瓣，一张纸四条边，花蕊在哪里？怎么折可以找到花蕊呢？

(对边折两次后，两条中线的交叉点，就是花的中心即花蕊。)

（2）尝试折两次不打开找到花心。（两条折边的交叉点。）

（3）做最重要的一件事：捏住交叉点的花蕊，剪出圆圆的花瓣，打开就是四瓣花。

三、模拟去看油菜花

（一）在放大镜下试剪一朵油菜花

用大纸尝试探索：折边的交叉点在哪里。

（二）走到田野里

1. 挑一张较小的纸剪上几朵油菜花，把握方法后，逐渐选更小一点的纸剪花。虽然我只是一朵小小的油菜花，一朵一朵都好看，但合在一起才会更好看。

找一找：藏着甜甜花蜜的花蕊在哪里，数一数：有几个花瓣，看一看：花瓣圆不圆。

2. 第一批油菜花在田野里开放（第一次粘贴：观察油菜花开放的位置），我们是最早开放的油菜花！开一朵、开两朵，快快来。

3. 一只蜜蜂飞来了，更多的油菜花就要盛开了！

（三）油菜花盛开：探索多种方式将油菜花剪得又快又多

- ××剪得真快：对边折两次，一刀剪下去就是一朵油菜花。
- ××剪得花朵真多：长条形的纸对折一次，再对边折两次，一下剪出两朵。
- ××剪得又快又多：不仅剪得快，而且将两张纸叠起来，一口气就剪出两朵。
- ××油菜花盛开了，开成一片花海，欢迎小蜜蜂飞来采花蜜传播花粉。（第二次粘贴。）

四、分享交流：一群勤劳的蜜蜂飞来了

1. 大家都来做小蜜蜂（每人一只小蜜蜂），飞到花蕊上采花蜜。小蜜蜂对油菜花说："谢谢你，给我采花蜜。"

2. 油菜花说："谢谢小蜜蜂，帮我传花粉，这样我才能结出许多油菜籽，榨成菜油香喷喷，小朋友吃了身体更健康。"

跨海大桥(大班)

执教者:静安区华山美术幼儿园　李　晶

活动实施

活动目标:

1. 体会跨海大桥为人们生活带来的方便,为中国造桥成果感到自豪。

2. 用按步骤剪纸的方法剪出桥塔,表现桥塔的寓意。

活动准备: 港珠澳大桥建造背景、介绍港珠澳大桥的小视频、三座桥塔图片;剪刀、长条大号彩色手工纸。

活动过程:

一、欣赏港珠澳大桥,引发兴趣

(一) 经验回顾,寻找各具特色的桥塔

跟着小视频看一看,看到桥塔就拍手,连忙说出它们的名字,看谁讲得又快又准。

- 风帆塔(能抵抗台风海浪,一帆风顺)

港珠澳大桥 · 九洲航道桥

• 海豚塔（保护中华白海豚）

• 中国结塔（中国建桥工程世界领先）

过渡：建造这座跨海大桥非常了不起，我们都想向这些工程师们学习，今天就先来剪一座桥塔。当然，剪一座桥塔也不容易，要看看你们是不是像工程师那样做事认真又仔细，会动脑筋又不怕失败，坚持到底。我们今天剪出一座桥塔，说不定未来就能成为跨海大桥的工程师。

（二）操作尝试，剪出斜拉索桥塔

一座跨海大桥需要桥塔、桥面、斜拉索三个部分。

1. 观察桥面和桥塔，把握剪纸步骤。

一张长方形的纸，对边折，压平折边。分辨：哪边是桥柱？哪边是桥面？

• 折边是桥柱：折边必须折得笔直，让高高的桥柱竖起来，抵抗强大的台风。

• 纸边是桥面：纸边必须折得平整，桥面铺得平，车辆才能安全通行。

2. 观察斜拉绳索(将斜拉索桥图片和剪纸的方法对应)。

对着桥面和桥柱对角折,压平折边,打开,靠斜的折线外面一边是天空,剪去天空,留下安装绳索部分。

3. 观察剪斜拉索,把握剪纸步骤。

桥面对着桥柱,压平折边,从折边开始,对着桥柱的方向安装斜拉绳索。

- 剪出第一刀(装上绳索)。
- 剪出第二刀(拉紧绳索)。
- 剪出第三刀(固定绳索,一根绳索安装完毕装)。

还要安装第二根、第三根、第四根……每根都要拉得紧,也不是简单的事情,坚持到底才能胜利。

4. 命名桥塔——在桥柱上镂空,给这座桥塔起个响亮的名字。

二、创造表现,共同造桥(未来工程师们行动起来)

要做未来的工程师,每一步都要认真想一想,仔细做一做。

1. 桥塔和桥面。

- 小工程师对边折一点不马虎,一遍又一遍压平折边。
- 大显身手看谁的桥柱站得稳,桥面铺得平。

● ××暂时领先，桥柱和桥面折得平整，跨出建桥第一步。

● ××的桥柱建得直，可顶住 12 级以上台风，大家来学习。

● ××的桥面铺得平，载重再重的运货卡车也能安全通过。××的桥面铺得平，车速也能开得快。××的桥面高高低低，车子 40 码也开不了。

2. 沉住气装绳索。

● 斜拉绳索在哪里，判断位置最要紧；判断错了，就会一错百错出事故。

● 剪去天空留下绳索很重要。

● 剪的时候注意不要损坏桥柱和桥面。

● 斜拉索是直直的，才能拉得牢拉得紧（剪刀向上直直剪）。

● 连剪三刀，一根绳索拉起来，××暂时领先。××一根又一根，根根不马虎。

● ××第一根比较粗，第二根能不能试试看细些呢？绳索剪得细，绳索就拉得多，××多而不断才是真本领。

● 剪错了，不灰心，想想办法改一改，再来试试。

● 斜拉绳索拉得紧，要眼明心亮，不断努力，未来工程师将在这里诞生。

3. 大胆想象桥柱图像命名并用镂空方式表现。

● 想一想在桥柱上剪什么，给桥塔起名字，起个响亮的名字。

● 桥塔起名：帅气、动听、可爱、有趣、别致、英武、幽默、美丽、响亮、灵活、好玩、威武……

● ××剪瓶子（对每个过桥的人送上平安的祝福）。

● ××剪青花瓷祝福语（显示中国造桥工程新成就）。

● ××剪出小燕子（飞燕桥，真可爱），剪出灯笼（红灯桥），剪出一颗心（同心桥，真温暖），剪出花朵（鲜花桥，真鲜艳），剪出一条鱼（鲤鱼桥，真灵活）……

● 同心协力，帮助同伴共同完成架桥任务。

三、分享交流

1. 交流桥塔名称：逐一介绍。

一座未来的跨海大桥即将通车，按数字标签（1—8）将桥塔依次粘贴，依次介绍桥塔的名字。

2. 检查桥塔。

● 安全检查：检查不合格斜拉索（教师指出，幼儿寻找原因）。

教师指出一座桥塔绳索没拉紧，一座桥面不平，幼儿找出是其中哪一座。暂时回厂修理，寻找原因，继续努力。

3. 评选最佳桥塔。

按桥柱直、桥面平、斜拉绳索紧的要求，发现目前××号、××号、××号桥塔暂时领先。

鼓励大家向他们学习，继续超越，剪出更细更紧的绳索，剪出桥塔，取一个更响亮的名字。再接再厉，精益求精，下次再来挑战。

教研纪实

大班活动“跨海大桥”备课教研纪实

李慰宜　陈　琦　李　晶　肖佳慧

第一部分：“跨海大桥”的教育价值和现实意义

港珠澳跨海大桥通车创造了中国造桥历史的新篇章，世界震惊，全国振奋。选取这一题材既有现实意义又有深刻的教育价值，但该大桥离上海甚远，它的成果又包含着深奥的科技含量，是否能贴近幼儿年龄特点，激起幼儿对大桥的关注成为了我们思考的问题。

一、桥梁建设的发展历史就是我国科技发展的历史

从古代赵州桥到现代的桥梁，反映了中国悠久的造桥历史。港珠澳大桥通车创下了多项世界之最，体现了中国现代各种新科技成果，体现了一个国家逢山开路、遇水搭桥的奋斗精神，体现了我国综合国力、自主创新的能力，体现了我国勇闯世界一流的民族志气。我们认为应该第一时间向孩子介绍，为我们是中国人而感到自豪。

二、上海人民对桥梁不陌生，而且感情深厚

上海是一座多桥的城市，过去虽然没有跨江大桥，可是早就有多座大桥建在苏州河上。我们最熟悉的桥就属上海早期建造的钢铁结构的外白渡桥，它位于外滩黄浦江和苏州河交汇处，见证上海的历史，成为上海著名的历史景点之一。至今它仍和现代化的几座跨江大桥一起横架在我们的母亲河上，与上海新老桥梁遥相呼应。

上海人对桥是极有感情的，改革开放以来，上海建桥的步伐突飞猛进，牵动着家家户户。记得在没有跨江大桥前，浦东和浦西就靠轮渡摆渡，遇到大雾就要停航，极不方便。第一座黄浦江上的跨江大桥——南浦大桥建成，大家兴奋不已。以后，又陆续建造了杨浦大桥、卢浦大桥、徐浦大桥等许多跨江大桥，也使浦东的开发突飞猛进。

一说起上海的大桥，老师们都兴奋不已，大家发现上海市区第一座自行设计、建造的斜拉索桥就是南浦大桥，它开启了运用斜拉绳索建造大桥的新篇章。有的说“南浦大桥引桥非常漂亮，据说还是来自小学生的创意”，有的说“卢浦大桥离我家很近，从家里都能看到卢浦大桥上的拱桥，每晚亮灯犹如仙境一般。”联想到前几年崇浦大桥通车，虽然只有一小段跨海，建成的时候，好多市民一批又一批坐车过桥去崇明参观旅游。若干年以前，要去一次崇明岛，需要坐三四个小时的渡轮，非

常不方便。建造了跨海大桥后，如今过桥去崇明开车不到 20 分钟。从跨河到跨江，再到跨海，我国的造桥技术在飞速发展，使得我们的生活方式、出行方式发生了翻天覆地的变化。

三、幼儿对大桥酷爱有加，萌发爱家乡、爱祖国的情感

桥的发展和我们的生活息息相关。生活在上海的小朋友，虽然不能看到整个桥梁的建造过程，但是他们有机会接触各种各样的桥。

我们曾开展过“浦东浦西拉拉手”的主题活动。说到连接黄浦江两岸的斜拉桥，幼儿都倍感亲切。每当春游秋游，车辆行驶在跨江大桥上，他们都会兴奋地抬头仰望跨江大桥上的桥塔，观察浦东浦西两岸的风景。有的幼儿会问老师，有了跨河、跨江大桥，还会有跨海大桥吗？港珠澳跨海大桥通车将会激起幼儿们更主动地去探索和发现跨海大桥成就的兴趣。

上海的现代化建设和桥梁建设密不可分，引导幼儿从对身边建造桥的体验入手，再看港珠澳大桥就会感到特别亲切，进而萌发幼儿热爱自己生活的城市，热爱我们祖国的感情。以上这些都将成为激发幼儿关注港珠澳大桥建设的源动力。

第二部分：怎样让港珠澳大桥的科技成就贴近幼儿

原以为港珠澳大桥就是长度增加，后来才知道这座大桥有桥体、人工岛和海底隧道三个部分，每个部分都有很高的科技含量。我们在这方面知识十分匮乏。为此，我们广泛地搜集相关的录像、图片和图书，一方面充实自己的知识，另一方面又对怎样深入浅出地向幼儿介绍进行了探讨。

一、图画部分

《超级大桥通车了》是一本介绍全面、科学性强、科技含量高的图画书，但是，幼儿只看画面看不明白，翻了几下就不再关注，主要原因是文字多，专业术语多所致。为此，我们对每一页的内容用浅显的语言进行了重新解释和归纳，又请参与大桥工程的家长过目，得到了家长的专业技术支持，为我们整理的内容把关，使这本图画书易于理解，方便幼儿阅读。再次让幼儿阅读时激发了幼儿的好奇心，提高了幼儿自主阅读的积极性，也让我们更有底气地为幼儿解惑。

二、文字部分

团队在大量检索、核实后归纳整理了用于教学参考的详尽背景文字资料，此处略，详见本讲末尾的附录。

三、研讨部分

在了解大桥的科技成就以后，怎样深入浅出地向幼儿介绍就成为了我们研讨的重点。

1. 三座桥塔为切入口。

结合幼儿的认知特点，我们发现大桥上的三座桥塔能最直观地吸引幼儿，以此为切入点，更容易使幼儿领会大桥工程的伟大。

2. 介绍分侧重。

从这三座桥塔出发，将港珠澳大桥的成果分成三个组成部分，有所侧重，并深入浅出地向幼儿介绍。

(1) 海豚塔——着重介绍人类与海洋环境的和谐相处。

由海豚桥引出大桥人工岛和海底隧道三位一体。体现造桥建设者把自然生态放在首要考虑的位置，在方便人类生活的同时，关心海里的动物。人类也是自然的一部分，要为动物，为自然环境多负一份责任，最终实现科技发展和自然生态和谐统一。

(2) 风帆塔——了解港珠澳大桥造桥史上的奇迹。

由风帆桥引出港珠澳大桥的多个世界之最，了解其中一个个小故事，体会造桥建设者经过八年的努力，不畏艰难，一次又一次攻克科技难关，就像一艘展开风帆的船只在海面上乘风破浪。

(3) 中国结塔——展现中华儿女扬眉吐气的丰碑。

这一庞然大物以优美的姿态耸立在伶仃洋上，实现中华艺术精华和先进科学技术的完美结合。

3. 多种形式自然结合。

结合观看视频、阅读图画书和结构材料搭建等多种形式，激发幼儿亲近大桥、了解大桥的成果，学当未来大桥建设者的热情。

第三部分："跨海大桥"剪纸活动设计

经过不断学习、交流和讨论，我们已从最初的激动到开始对大桥的成果有了较为具体的认识和体会，并且得到家长的支持，为小朋友提供了生动的阅读材料。幼儿在活动中掀起一场争当未来大桥建设者的热潮，每天都有说不完的话题。为此，我们趁热打铁，在活动室呈现一座看得见的未来跨海大桥，通过集体教学尝试用按步骤剪纸表现建造未来桥塔，引导幼儿体验不畏艰险同心协力创造奇迹的建桥过程，并为后续活动区表现越来越先进的大桥创造条件，在设计这一剪纸教学时，我们又进行了如下研讨。

一、选材设计

1. 一个小视频。

幼儿的思维是具体形象的，利用他们喜爱的大桥视频，让他们仿佛置身其中，就好像乘坐车辆渡过跨海大桥，历经海豚桥、风帆桥、中国结桥、人工岛、海底隧道最后到达香港。通过视频让孩子们回顾大桥的主要构造，感受大桥的雄伟，体会跨海大桥为人们生活带来的方便。

2. 三座桥塔

三座桥塔把原本深奥难懂的科技成果，以十分浅显易懂又充满美感的外形设计打动了幼儿。

当我们站在港珠澳大桥桥头顺着大桥方向望去，远处的三座桥塔——海豚塔、风帆塔和中国结塔尤为显眼。这三座桥塔都有各自寓意：风帆塔表明了多项划时代的科技成果；海豚塔把保护中华白海豚放在了建桥的重要位置，凸显了与海洋动物和谐共处；中国结塔更体现了中华艺术和科技创新的统一，这样的归纳更拉近了大桥和幼儿的距离。

3. 合二为一的艺术表现形式

我们在欣赏跨海大桥的壮观，感叹它不同凡响的时候，都会想到大桥建设者八年艰苦卓绝的奋斗。在基于绘本《跨海大桥》设计为美术活动的时候，我们力图体现将努力付诸每一个行动，避免空洞的说教。不仅要体现艺术美，还要在其中体现科学精神，这成为我们选择表现形式的基本出发点。经过再三思考，我们最终选择按步骤整体剪纸，这一表现形式既可让幼儿发挥艺术想象，表现桥塔优美的造型，又可以在剪和折的每一步都体现一丝不苟和严谨的科学精神，让幼儿通过一种隐含的方式来实现艺术和科学的融合，体验大桥的来之不易。

二、剪纸步骤设计

剪纸活动中在讨论表现方法时，很容易出现将步骤与内容割裂，单纯地为了剪而剪的状况。我们以方法跟着内容走为原则，将本次活动中的每一个剪纸步骤都与内容对接。

1. 照片呈现

将港珠澳大桥的三个桥塔，对照大桥特征，将剪纸步骤归纳为架设桥柱和桥面、安装绳索和美化桥塔赋予寓意三个部分。

2. 步骤与内容对接

将每一个剪纸步骤与内容对接，第一步：架设桥柱，铺设桥面，强调每一次对折桥柱要挺直，桥面要平整；第二步：安装绳索，强调每一根绳索必须拉紧；第三步：装点桥塔，强调凸显美好的愿望。

3. 重点研讨解决难题

在“剪出绳索”的环节，我们最初的设计为“绳索要拉得直”，“剪三刀”完成一条绳索的安装。但在实践中我们发现，这样的解释与铺设桥面混淆，而且抽象的“三刀”与安装绳索相距甚远。经过再三思考讨论，我们调整为“绳索要拉得紧”，并将“三刀”解释为“安装、拉紧和固定”，使这一步骤更具有实际上手操作的意义。

三、剪纸过程设计

1. 确定关键词——学做大桥工程师。

本次活动的意义在于通过剪纸，让幼儿体验大桥建设者虽面临着挑战，但仍运用自己的智慧和不懈努力最终取得成功的志气，让幼儿对工程师们产生敬意，同时也萌发做工程师的向往。我们顺应孩子们的情感体验，抓住关键词——“学做大桥工程师”并将其作为本次活动的出发点，贯穿活动的全过程。

2. 对照步骤，强化动机。

在活动中，始终引导幼儿以造桥工程师的标准，评价自己剪纸的每一个步骤：“桥柱直”“桥面平”“拉紧斜拉索”“斜拉索越多大桥越能承重”等。当幼儿剪纸初现成效的时候，教师即以工程师又有了新的成果及时鼓励。当幼儿遇到困难的时候，教师也一改“没关系”“下一次”等空洞的安慰，而是帮助幼儿寻找原因，鼓励他们鼓足勇气再接再厉。当幼儿克服障碍，寻找到变通的方法时，教师更是大力宣扬未来工程师的志气，使幼儿始终保持这份热情和勇气，推进活动的进程。

3. 将各显才能和同心协力自然融合。

剪出桥塔要求每一位未来工程师拼尽全力独立完成，跨海大桥通车又需要全体成员的共同努力。在活动的后期，我们不仅发动全体幼儿人人献计献策互相帮助，在宽广的桥面上架起一座座桥塔，体会一个都不能缺少的意义，同时，又与幼儿一起以精益求精的态度逐一检查桥塔的质量，把集体教学看作建设更美、质量更高的桥塔的开始。

四、体会

我们感到宏伟壮观的港珠澳大桥不仅仅只是全世界瞩目的伟大工程，它的建筑过程也是我国桥梁建设的奋斗史，以及人们对社会的责任和对自然的关爱。坚持、责任、爱，这些都是超越桥梁本身更值得我们学习和称赞的精神，它使中国人感到骄傲，也是我们必须传递给幼儿的正能量。

“随风潜入夜，润物细无声。”教育像农业，需要遵循植物生长的自然规律，教书育人，保持初心。设计一次剪纸活动，不仅只是把目光放在剪纸的方法上，也不仅是让孩子们认识大桥，学习一些和大桥有关的知识，最为重要的是，让孩子凭自己的坚持完成剪纸的过程，体会工程师工作的艰辛，为中国了不起的工程师们感到骄傲。孩子用剪刀剪的是一座座桥，在心里立的是一份责任担当和对未来的希望。这体现了教育浸润无声，学习育人为本的教育理念。

附录

1. 港珠澳大桥并不是一座严格意义上的"桥"，而是一个桥梁与隧道的组合

整个工程在海中全长 35 公里，其中有 29 公里是桥，6 公里则是隧道。在桥梁与隧道之间，通过两个人工岛进行连接，而建造港珠澳大桥的难度也正来源于此。这样设计的原因是那片海域上有飞机航道，桥不能造得高；下有轮船航行，桥又不能造得低，而且这片海域正好经过中华白海豚的栖息地。中华白海豚是国家一级保护动物，被称为"水中大熊猫"。科学家找到了通过海底隧道连接的方式。最终让超级工程实现了工艺和环保的完美结合。为了保护白海豚，建筑师们在建设港珠澳大桥时付出了更多的资金、时间和劳动。为了减少海上作业的时间，减少占用海域的面积，不打扰白海豚，建设者们优化了大桥设计，将原本大桥底下的 318 个桥墩减少到了 224 个。在外人看来，那只是数字的减少，但对于建设者们来说付出的是更多的精力和时间。在大桥建设的过程中，每条施工船上还会有白海豚观察员，每当观察员发现有白海豚出现时，施工的船舶都会为白海豚"让道"，甚至工人们还会停止施工等待白海豚游过。建设者们用实际行动告诉我们，港珠澳大桥的意义，不仅是中国由桥梁大国迈向桥梁强国的里程碑，也是一座代表人类与海洋和谐相处的丰碑。

港珠澳大桥建设以来，中华白海豚得到了较好的保护：施工之初，最让人揪心的白海豚仅有 1 400 头；主体工程完工后，白海豚数量增加了。

2. 港珠澳大桥拥有世界上最长、最深、建造最难的海底沉管隧道

海底沉管隧道是由 33 节巨型沉管连接而成的，沉管从两座人工岛出发，一节一节在水下接龙，每一节沉管相当于一艘辽宁号航母。（到最后完成"最终接头"需要又快又准，才能保证质量。）为了保护沉管的稳定性，海底隧道的大部分都是被掩埋在伶仃洋的淤泥之中。外海沉管隧道施工核心技术被业内人士称为"全世界最困难、最复杂的技术"，当今世界只有极少数国家掌握，而当时的中国在此领域的技术积累几乎是一片空白。集桥、岛、隧道

于一体的港珠澳大桥，已经被国外媒体誉为“新世界七大奇迹”之一。

3. 港珠澳大桥拥有多项世界之最

这座“超级工程”的身上，遍布了新材料、新工艺、新设备和新技术。400多项专利，让中华儿女扬眉吐气；7项世界之最，更是令我们骄傲！

它是世界最长跨海大桥：全长55公里。最长钢铁大桥：全钢结构钢箱梁长达15公里。最长海底隧道：大桥海底沉管隧道全长6.7公里。最精准深海之吻：沉管在海平面以下13米至48米不等的深度进行海底无人对接，对接误差控制在2厘米以内。大桥的沉管技术，是自主研发的，没有套用韩国或荷兰的技术！海底隧道最深处在海底48米，而目前世界沉管隧道最深很少有超过45米的。它也是目前世界建筑史上里程最长、投资最多、施工难度最大也是最长的跨海大桥。港珠澳大桥使用寿命120年，在抗震、防风、坚固等方面都是世界领先。

4. 了不起的中国结桥塔

作为一个世界级工程，港珠澳大桥青州航道桥上的“中国结”是整个工程中最早完成的标志性景观，也是最有中国味的部分。

从海上看，“中国结”体态轻盈、线条优美，但实际上它却是一个重达780吨全钢结构的庞然大物。中国结的吊装施工历时一个多月，而筹划准备期则长达一年之久。要将混凝土的塔柱与钢结构的结形撑精确匹配拼接，在国内尚属首例，对每一位施工人员来说都是第一次，加上160米的海上吊装高度，精度要求高、施工风险高、吊装难度大。

“中国结”分为多个节段在陆地上进行制造，然后在现场逐段拼装，节段之间采用螺栓连接呈现出“中国结”的形状，光是螺栓的数量就超过到1.8万个。

第三讲

德育为先，手为心动（折纸）

导语

爱上折纸、其乐无穷

张晨华　姜　岚　李　丽　徐丹红

一、折纸的教育意义

折纸是中国一项家喻户晓、源远流长的民间艺术，在我国民间流传至少有一百多年以上的历史。它也是儿童艺术创造中不可取代的表现形式。正因为折纸活动对于幼儿的发展有着积极的作用，所以幼儿园都非常重视开展这项活动。

折纸活动能发展幼儿的空间知觉能力。一张平面的纸通过折叠瞬间变为立体，再折几下转眼变为五花八门的物体，在折纸过程经常需要分辨上下、左右、里外、前后等方位，可以发展幼儿的空间知觉能力。

折纸活动可以提高手眼协调和逻辑思维能力。折纸需要伴随折叠精准动作，不断提高着幼儿的手眼协调能力。同时折纸还有一个不同于其他艺术活动又十分显著的特点，就是它必须遵循一定的步骤，不容遗漏和颠倒。由此培养了我们有条理的思维方式，形成有条不紊活动的能力。

折纸活动能培养幼儿丰富的想象力。折纸是一项非常有想象力的艺术活动，这些折纸造型并不讲究逼真的形似，更在意的是神似。例如："乌篷船"活动中，我们一看这两头尖的船身、上面盖着弯弯对称的棚顶，就发现它惟妙惟肖地再现了乌篷船的特征。

折纸活动能激发变化无穷的创造能力。折纸中变化无穷的创造才是幼儿学习折纸体会乐趣的动机所在，也是形成一切能力的源泉。我们的实践充分表明幼儿能在创造性的折法和玩法中爆发学习探索的热情。

今天，我们在传承这一中华文化的过程中，更应有所突破和创新，让民间折纸重返幼儿生活，凸显中华折纸的时代光彩。但是，我们发现，这些客观存在的教育价值时常停留在我们的一厢情愿上。原因是我们只重视教师的主观的教学方法，没有关注幼儿的学习过程。所以我们开展折纸活动的突破点应该是从研究教师怎样教到研究幼儿怎样学。另外，我们的创新点在于，以往开展折纸活动都以追求单个结果为目的，而如今倡导的是以把握折纸方法为导向，鼓励举一反三。如此，无须刻意，所有想要达到的教育目标的美好愿望都会被一一呈现。

二、三个以折叠要领为突破口的教学方法

以成人为中心的教学，只会一一对应地模仿学习，施教者追求的是折得平整、复杂动作娴熟、数量繁多的教学方法。我们提倡授之以渔的教学方法——归纳折叠方法，简化折纸步骤。

折纸活动中教师是教折出成品还是教方法，是判断其是追求即时效果还是以活跃思维、培养能力为首要标准。传统的折纸教法一向推行按步骤亦步亦趋的教学方法，并认为这是不可突破的法则。必须打破这一灌输式教学的禁锢，才能激活幼儿的创造才能。为此，我们以折叠要领为突破口，做了以下改变：

（一）突破一：简化折纸要领，汇编“幼儿折纸金刚经”

市面上的幼儿折纸类指导用书，表面上看，折纸的折叠方法花样繁多，几乎个个成品不重样。在分析大量幼儿常用折纸内容的基础上，我们对这些繁复多变的折叠方法进行了分析，发现这些表面上似乎没有关系的方法，存在着许多内部的联系。将繁复多变的折叠方法归纳为十步简易的折纸要领，引导幼儿灵活运用，举一反三：即对边折、对角折、边向中线折、角向中心折、集中一角折、向外打开、向里推、双三角、双正方、双菱形。

1. 起步阶段要领——对边折、对角折、边向中线折、角向中心折。

教学要点为分辨边与角、纸边与折边、中心与中线，从而感知基本位置和方位，同时培养手眼协调的能力。

实例：活动“好饿的毛毛虫”中“毛毛虫”的折纸教学，通过把握对边折压平折边的要领，反复口手一致动作。

2. 继续阶段要领——集中一角折、向外打开、向里推。

教学要点为关注方位变化和运动方向，发展分辨方位的能力。

实例：活动“沙丁鱼风暴”中“沙丁鱼”的折纸让幼儿把握集中一角折的方位变化，探索向外打开、向里推的方法。

3. 提升阶段要领——双三角、双正方、双菱形。

最后这三个要领均为前七个要领的综合运用，提升幼儿观察判断、综合运用、融会贯通的能力。

实例：“拯救白犀牛”活动中“白犀牛”的折纸涉及判断边向中线折、向外打开、

集中一角折、角向中心折和一正一反折等要领，使幼儿自主探索折纸方法的能力得到有效锻炼。

（二）突破二：规范要领教学语言，帮助幼儿内化于心

折叠方法的教学语言要领是引导幼儿学习折叠方法并进一步理解内化的必要手段。在传统折纸教学中，通常是由教师对折叠进行随意解释。例如："对边折"，有的老师今天说是"边对边"，明天又说成"把边对整齐"，后天还会说成"对个边"或"这样折一下"，有时中途还加上许多反复的补充、描述；有的教师索性一言不发，对动作不加解释。这些都使幼儿如坠雾中，不利于幼儿在理解的基础上把握折叠方法。

语言是思维的工具，教师规范要领语言，有利于幼儿准确地把握折纸基本方法。幼儿通过反复尝试内化于心，逐渐形成运用观察判断、发现折叠方法的能力，继而在看到新的折纸内容时，就会主动寻找对应的要领和分辨折叠的方位，顺利地掌握新的折纸内容。

在"拯救白犀牛"和"沙丁鱼风暴"活动中，我们都能看到幼儿已逐步形成从图像中判别要领的能力。

（三）突破三：以做减法为原则压缩步骤，为幼儿"松绑"

繁复的折叠步骤也是幼儿望而却步的原因所在，现有折纸教材上的内容，大都在十个折纸步骤以上，有的为了使学习者看得更清楚，还会细化更为繁多的折叠步骤。殊不知步骤越多，越是令人难以把握折叠步骤，特别是对数理逻辑性尚不成熟的幼儿来说，超过十步的折叠步骤就会使他们频频出现颠倒和遗漏。因此我们常会看见幼儿折叠到一半向教师求救："老师，接下来怎么做呀？"

为使幼儿自主地把握折叠步骤，必须符合幼儿的数理逻辑发展水平。参照《3—6岁儿童学习与发展指南》，幼儿园阶段的孩子能理解10以内数的实际意义，所以我们以幼儿折纸要领为依据，将折叠步骤省略归并在十步以内，便于幼儿在理解的基础上把握折叠步骤，自主地进行折纸。

1. 省略（步骤）。

对应"金刚经"，凡是已经把握的要领，直接将数个步骤省略为一个步骤。

实例："拯救白犀牛"折纸活动第一步："两边向中线折"，必须以对边折或对角折后，再将边向中线折，把握要领后这三步就省略为一步。

2. 归并（同一方法）。

实例："拯救白犀牛"活动中"两边向中线折"重复了两次，可直接将六步归并为一步。

三、三个幼儿折纸活动的教学创新点

创新强调以幼儿为主体，简化步骤，活跃思维，把握方法，举一反三，使幼儿成为折纸活动的主人。

(一) 创新一：强调德育为先的价值取向

折纸如同其他艺术一样，坚守德育为先的育人理念，利用折纸这一特殊的表现形式，坚持不以成品优劣为标准，在移动、搬动和活动中，进一步加深幼儿对客观事物的认识与情感。

陶行知先生说“生活即教育”。在折纸活动中，我们要结合幼儿的实际生活，开展多种多样的幼儿德育活动，将折纸与德育融合，使幼儿能够在轻松、愉快的游戏活动当中，真正实现立德树人的教育价值。

实例

折纸活动“好饿的毛毛虫”折出“会做的事自己做”

惊蛰以后，万物复苏，很多虫子就会从地里钻出来，如蚯蚓、毛毛虫等。我们都知道小班的幼儿喜欢接触大自然，对周围的很多事物和现象感兴趣。当这些会爬行的虫类都出现在孩子们的眼前，尤其是小班的孩子，他们会特别喜欢。在阅读绘本《好饿的毛毛虫》[①]中，我们发现毛毛虫今天吃一样东西，明天吃一样东西，但这些东西其实都不是毛毛虫吃的，而是孩子喜欢吃的。于是，我们就利用《好饿的毛毛虫》里面的童话色彩，拉近了孩子和虫子之间的距离，使孩子们更愿意去模仿毛毛虫的动作，更愿意去亲近和关心毛毛虫，为开展折纸活动创造了条件。

《3—6岁儿童学习与发展指南》中提出了这样的教育建议：鼓励幼儿做

① 艾瑞·卡尔著.《好饿的毛毛虫》. 明天出版社，2008.

力所能及的事情，对幼儿的尝试与努力给予肯定，不因做不好或做得慢而包办代替。小班的幼儿最习惯的就是"包办代替"，遇到困难都会说："老师，我不会。"而毛毛虫始终是靠自己的努力去寻找食物，和教育建议相互融合。为此，我们又将毛毛虫自己找食作为"好饿的毛毛虫"折纸活动的主线展开，鼓励小班幼儿能做的事情自己做，引发其自发、自愿、自主投入活动的情感。

本次折纸活动主要在对边折的基础上尝试连续地对边折，把握对边折、压平折边的折叠方法。该活动从开始强调毛毛虫醒来自己弯弯腰到扭一扭、向前爬，不断强化，直至努力爬，啊呜一口吃了棒棒糖。整个过程将讲情节、学方法和做游戏三方面有机地结合起来，伴随着毛毛虫的动作，情境性的语言，帮助幼儿把握折叠要领，力求让每个幼儿在尽心尽力、多次尝试中体验"会做的事情自己做"的乐趣。

实例

折纸活动"沙丁鱼风暴"演绎"同心协力以弱胜强"

绘本故事《小黑鱼》讲的是在大海的一个角落里住着一群小鱼，大家都是红色的，只有一条是黑色的。有一天，一只凶猛的金枪鱼吃掉了所有的小红鱼，只有小黑鱼逃走了。他孤身一人在海里游荡，遇到了很多稀奇的生命，又高兴起来。在路上，小黑鱼遇到一群躲在礁石后的小红鱼，为了生存，他们不再躲避，想出好办法，团结在一起变成了一条大鱼的样子，把真正的大鱼吓跑了。

幼儿的思维特点是以具体形象思维为主，因此，在折纸的选材中，我们也聚焦某一具体事物，从具体事物出发满足幼儿的好奇心，激发幼儿的求知欲。

在折纸活动中，要让幼儿通过轻松、愉快的游戏体验，真正实现立德树人的重要价值。阅读完这本绘本，我们就在思考：现实的海洋里有这样的小鱼吗？我们根据小黑鱼的特性发现在海洋世界里确实有小黑鱼这样的鱼存在，它们就是沙丁鱼。沙丁鱼就是像小黑鱼们一样会游在一起，变换各种队形，形成沙丁鱼风暴。由此我们找来了沙丁鱼风暴的视频直观地让孩子们观看沙丁鱼是如何战胜大鱼的。因此，同心协力、以弱胜强也成了这个活动的重要价值。

本次折纸活动主要运用到集中一角折和向外打开两个要领。通过直接出示步骤一的结果，从分辨鱼的基本结构来强调方向，而难点则是用慢动作分解步骤二，引导幼儿把握要领，最后以自主探索步骤三鱼头和尾鳍的学习

方式，最终折出沙丁鱼，让幼儿能够联系特征对应步骤，提高幼儿自主探索主动思考的能力。沙丁鱼折好之后，我们用游戏的方式让孩子们体会沙丁鱼团结一心战胜大鱼的情境。首先孩子们要通过合作将沙丁鱼一一连接，在连接的过程中我们能够看到孩子之间产生了团结互帮的行为。等所有的沙丁鱼连接在一起之后再来玩一玩沙丁鱼风暴的游戏。在游戏中孩子们既能体验沙丁鱼风暴游戏的乐趣，也能感受到团结一心才能战胜大鱼。利用游戏将活动推向高潮，将同心协力的德育价值进一步升华。

在折纸时，中班孩子常会说“我折好了”，教师利用情景及时引导：“一条沙丁鱼能游出去战胜大鱼吗？”此时，先折叠好沙丁鱼的幼儿就自发地和同伴用环扣将沙丁鱼连成两条，三条，四条……还主动帮助动作较慢的幼儿折叠，使沙丁鱼群变得越来越长，孩子们之间配合连成一整条长长的沙丁鱼群。当孩子们围成一片海洋，轮换地甩动连在一起的沙丁鱼，变换各种队形对付大鱼的侵袭时，将同心协力战胜敌人的初衷表现得淋漓尽致。

以下选材对我们老师来说，也是比较陌生的一个领域，那为何想到将其作为大班折纸的题材呢？主要出于两点考虑：一是激发大班幼儿保护濒临灭绝动物的美好情感，二是引发孩子们进一步关注周围世界的敏锐度。

实 例

折纸活动“拯救白犀牛”号召“拯救野生动物人人有责”

起初，“拯救白犀牛”是2018年上海市折纸嘉年华中乌南幼儿园的幼儿金奖作品，也是源于大班“我和动物是朋友”的主题。小朋友在日常地讲新闻活动中，了解到非洲北部白犀牛惨遭猎杀的事件，结合当前保护生态环境的热点话题，选择了这一题材作为大班折纸内容，让孩子进一步关注世界上珍稀动物的命运。白犀牛的濒临灭绝就在于它长了一只既可以做艺术品又可以当药材的"角",由此联想到象牙、熊胆、虎骨,无不反映了人们的无知、自私和贪婪。拯救动物也是拯救人类,不仅是改变生态环境,也是唤起人们的良知。

作为教师,我们在深入研讨该活动设计时,觉得光靠给孩子们讲解新闻资料,远远不足以支撑这一活动的价值,因此也共同加入了收集大量素材的行列,特别是当我们了解到白犀牛不仅生活在非洲北部,其实在中国南部也有一部分白犀牛,团队中的两位老师(张晨华和李丽老师)特地在寒假专程飞赴广州,在长隆野生动物园进行实地考察。张老师为了把南部白犀牛拍得更清晰,坐园区小火车足足兜了三圈,只为将这些活灵活现的见闻和图片素材带回班级,给孩子们分享。之所以和大家介绍这个小插曲,是因为我们认为活动设计想要感动孩子,教师自己先要做足功课,先沉浸进去。

因此,在幼儿园大班开展这一折纸活动,不只局限于是否会折叠一只犀牛,而是通过折叠犀牛的过程,体会拯救犀牛的决心。每折好一步,拯救白犀牛的决心就前进一步,再通过折纸签名的宣传行动,让大人小孩都参加到拯救白犀牛的行列,激发幼儿关注动物的生存,以及爱护动物、保护动物的美好情感,使这一活动作为进一步关注白犀牛生存环境的新起点,具有重要的现实意义和深远的影响。

(二)创新二:注重过程中的探索表现

1. 联系特征,对应步骤

幼儿折纸的内容均来源于生活原型,在探索折叠步骤时,必须紧密联系所表现的对象,使折叠的每一个步骤都能与物体的特征相对应,做到知其然又知其所以然。

实 例

伴随毛毛虫的动作,把握折叠要领(小班"好饿的毛毛虫"示例)

第一步:毛毛虫弯弯腰醒来了————对边折,压平折边。

为了体现"毛毛虫弯弯腰醒来"的动作,我们用"对边折,压平折边"的方法帮助幼儿联系特征进行折叠。

第二步:扭一扭、歇一歇——边对折线折,压平折边。

当毛毛虫醒来后,他觉得肚子饿,就把身体扭了起来,而"边对折线折,压平折边"的方法和毛毛虫身体扭起来的这一动作相吻合,我们就用"边对折线折，压平折边”的方法来对应毛毛虫“扭一扭，歇一歇”的动作。

第三步：拱起身子，抬起头，翘起尾巴——一边向上折抬起头、一边向上折翘起尾巴。

最后，毛毛虫拱起身子，抬起头，翘起尾巴准备出发了，又可以用“两边向上折”的方法来表现。

在整个折叠的过程中，孩子们一边折叠，一边心里就是一条毛毛虫：弯弯腰醒来了；扭一扭，歇一歇；拱起身子，抬起头，翘起尾巴出门找食物去了，使抽象的折叠步骤变成有血有肉的毛毛虫醒来的情景。

实例

将鱼的外形特征与折叠方法相对应(中班“沙丁鱼风暴”示例)

在中班幼儿的折纸活动中，分辨方位是活动的关键。我们将鱼的外形特征与折叠方法相对应，利用比较提问，帮助幼儿分辨细节，使幼儿心中有物。

第一步是折出沙丁鱼大概的样子，用到的方法是两次集中一角折。我们请幼儿先观察沙丁鱼外形特征，说说哪里是鱼的鱼头、鱼身、鱼尾，然后再进行提问：折鱼大概的样子用了什么方法？两次集中一角折的方向有什么不一样？以问题来引导幼儿按鱼的特征分辨鱼的部位再联系折纸要领。

第二步折出鱼鳍，用到的方法是身体两边两角向外打开。以鱼没有鱼鳍不能游动的问题来寻找鱼鳍的位置，引导幼儿观察教师的演示，共同探讨向外打开的动作。

第三步是沙丁鱼游来了，用到了对折、折出鱼的头部和尾鳍的方法。利用已经完成折叠的鱼进行比较，分辨背部和腹部以及鱼鳍的方位，折出鱼头部和尾鳍。

整个折叠的过程都是孩子在跟活动内容不断地互动，而不是死记硬背地去记一个个的折纸步骤。

实例

以犀牛的特征与折叠方法相对应（大班"拯救白犀牛"示例）

大班折叠白犀牛，更是以犀牛的特征为依据，逐一探索对应的折法，使幼儿摆脱记背抽象要领，轻松把握折叠白犀牛的四个步骤。

- 第一步：大致外形——两边向中线折两次（身体），向外打开（头部）。

- 第二步：头部的耳朵和犄角——不同方向的两次集中一角折。

● 第三步：后腿——两角向中心折向外打开。

前腿——沿中心线一正一反折。

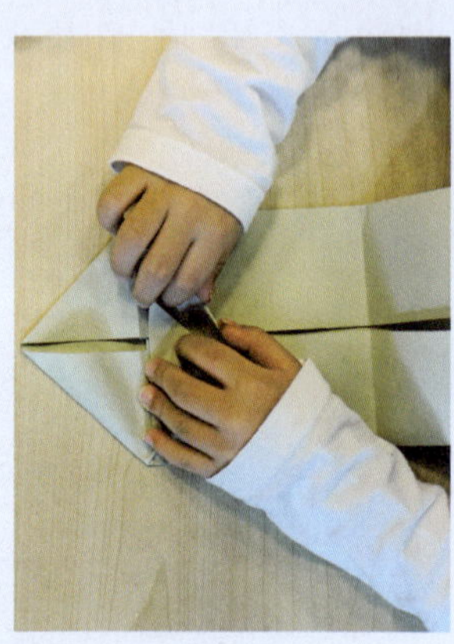

● 第四步：想一想怎样让犀牛站起来？拉出耳朵，犄角翘起来。

总之，每一步骤都要紧密对应白犀牛的特征。

2. 张弛有度，收放自如

实例

在"好饿的毛毛虫"中探索吹动毛毛虫向前爬

在探索用吸管吹动毛毛虫向前爬的过程中，当有的幼儿多次尝试后仍不成功，但有个别幼儿吹动吸管让毛毛虫成功向前爬时，我让幼儿停下探索，带着问题观察："有一条毛毛虫一扭一扭往前爬了，我们来看看吸管吹在毛毛虫的哪个部位，毛毛虫才能一扭一扭往前爬呢？"在互动中，让幼儿自己发现吸管只有吹在毛毛虫的背上，才能让毛毛虫一扭一扭往前爬。在试教的时候，也发生过所有的幼儿都没有发现这一方法的情况，当时，我就提出了一个问题："到底吹在哪里，毛毛虫才能一扭一扭往前爬呢？"让幼儿在观察中思考让毛毛虫一扭一扭往前爬的方法。但这个方法始终不是教师直接告诉幼儿的，而是以动作和问题引导孩子关注和思考，从而自己寻得答案，给予幼儿足够的探索空间。

实例

在"沙丁鱼风暴"中探索折叠鱼鳍的要领

向外打开和向里推是两个分辨方位的关键要领，在备课的过程中，我们一般认为向外打开较之向里推幼儿更容易把握。在折叠的过程中我们没有给孩子一个固定的方法，而是给孩子自主探索的空间。结果我们发现，孩子在折鱼鳍时，方法很多，有的孩子用了向外打开的方法，有的孩子用了向里推，也有的孩子会用一把捏的方法折成了鱼鳍，给了我们很多的启发。把探索的空间留给孩子比老师告诉他们唯一的方法更好，让孩子逐步体会任何一个折叠方法都不是一成不变的道理。

实例

在"拯救白犀牛"中把握步骤

对于"把握步骤"，结合大班实例"拯救白犀牛"来说一下感受：

之前也走过弯路，总是担心幼儿掌握不了如此繁杂的折叠方法和步骤，一步步地出示意图、一个个细化要领，还伴随着很多解释，结果不但花了很长时间，而且越说幼儿越迷糊，积极性也受到挫败。于是，在总结前几次试教失败和对教学时间的反思中，我们意识到这样做看似"面面俱到"，实则什么目标都没有达成。为此，我们又一次次地做了调整，例如：第一步的基本外形、第五步的前腿，就可从"教师折、幼儿说"的形式、判断折叠要领，直接切入；再如两次翻身，就可以分辨"犀牛的肚子和背"一句带过；又如其中第二步耳朵和犄角的分辨方位和第三步后腿的连贯动作，是本次活动的难点，可以采用重点讨论，而且我们出示的折叠步骤，只显示出这难点的两张，更为突出，便于幼儿理解，其他就省略。

3. 留有余地，激发创造

折纸和其他美术活动一样，无论何时何地都不能丢掉创造的根本，即便是折叠一个新的内容，也应按照幼儿的年龄特点和经验，为幼儿留出自主探索的空间，给予创造其表现的机会。

实 例

“好饿的毛毛虫”——自主探索折出头尾

在折叠头尾时教师用了“头一抬，尾巴一翘”的方式介绍毛毛虫的特征，对折叠方法简单带过，让孩子自己探索折叠头和尾巴的方法——向上翻折。

实 例

“沙丁鱼风暴”——省略教法、激发创意

在“沙丁鱼风暴”的活动中，我特意留出最后折叠头尾的部分，引导幼儿观察思考用什么办法可以让尖尖的头变得平一点，让尾鳍翘起来，使沙丁鱼游得更快。孩子们果然在探索中发现了不一样的折法和剪法。例如：鱼头向外折和向里折都能折出平平的鱼头，尾鳍剪一刀后也有不同的折法来表现沙丁鱼灵活的尾巴。最终，幼儿们折出的沙丁鱼一定各有不同。

实 例

“拯救白犀牛”——自主探索折出犀牛角

“拯救白犀牛”更是以保护珍贵的犀牛角为契机，我们把折出犀牛角这最后的一步留给了幼儿。幼儿在不断获得自主探索的体验中，十分自信地投入折叠犀牛角的探索，找到了各不相同的好方法，由此，还延伸到犀牛妙趣横生的动作上。正因为留给孩子的是犀牛特征当中最为珍贵的部分——犀牛角，所以，在孩子自己探索中，也调动了他们对爱护犀牛、拯救濒临灭绝动物的积极性。

（三）创新三：体现方法内容的合二为一

活动中如何凸显方法与内容的合二为一呢，我们主要和大家分享三方面的做法。

1. 动机不能忘

内容在先还是方法在先，这是学科教学和主题教学价值取向的分水岭，一切教育德育为先。幼儿被所设计的内容打动，为所设计的内容激动，进而激起进一步探索表现的欲望，是我们的终极目标。

过去，我们常把在先误认为是活动前的知识储备，或活动开始的情景导入，止步于开始部分，在活动过程中逐渐淡化动机向表现形式和方法倾斜，最终只留下徒有外表、缺少生气的苍白作品。经历多次活动现场观察幼儿的反映，竟有失魂落魄之感。

动机是整个活动的灵魂所在，是幼儿源源不断的创造和表现的源动力。所以从导入、重点讨论、引发幼儿创作意愿、巡视指导，乃至最终的分享交流环节都不能忘记“动机”。

实例

大班“拯救白犀牛”——感动幼儿、不忘目标

感动幼儿、不忘目标不是口头的简单说说，而是需要化为实实在在、看得见摸得着的创作“动力”。教师要对幼儿说明，折白犀牛为了什么？折成功后代表着什么？一旦折不出又说明什么？种种“什么”和“为什么”，只有教师在前期设计教案时想明白了，想透彻了，才不会出现“为了折犀牛而折犀牛”的问题；才会让教师在活动中，在回应幼儿、落实教学目标时，有主心骨，才能不断鼓励幼儿克服畏难情绪、勇于挑战，并最终达成目标、获得成功。

由此，教师对活动内容及其意义的充分体验，应该是贯穿整个活动始终的一条生命线。例如：在“拯救白犀牛”活动开始，教师利用幼儿前期交流新闻播报的既有经验，用野生动物园保护白犀牛的生动画面和醒目的“100”、“3”两个数字向幼儿揭示了白犀牛濒临灭绝的危险现状，激发了幼儿拯救白犀牛的愿望，并提出折叠一个犀牛表达一片决心的创意。在这一愿望的驱动下，幼儿迸发出一鼓作气奋力折出犀牛的勇气。在活动中，教师每发现幼儿自主折叠一步，就用“报告好消息”“在拯救白犀牛的行动中我们又前进了一大步”“保护犀牛角的关键时刻到了”“胜利在望”等方式介绍和鼓励。当幼儿遇到困难的时候，教师又用“能不能像科学家一样，排除万难拯救白犀牛”“我来做你的下手，小队的每个人相互帮助，同心协力，一起保护白犀牛”等语言给予引导和帮助。在集体活动结束时，模拟的自然保护区的立体宣传栏场景里已经出现了数十头白犀牛，教师又启发幼儿计数，不失时机提出拍宣传合影照片、转发微信朋友圈，告诉更多的家人和朋友，从而鼓励幼儿发动更多的人参与到拯救行动中来，将这一折纸活动巧妙又自然地延伸到活动区，扩大到孩子们周围的班级和家人。

在幼儿园大班开展这一活动，不能只局限于幼儿是否会折叠一只犀牛，而是通过折叠犀牛的过程，激发幼儿关注动物的生存问题，激发其爱护动物、保护动物的美好情感，并通过折纸签名的行动来表达拯救白犀牛的决心，这才是具有重要的现实意义和深远影响的教育价值点。

整个活动重点始终强化幼儿为何而折的情感动机，将其贯穿活动始终，并作为进一步关注白犀牛生存环境的新起点。幼儿在前期活动区积累的十个折纸基本方法的基础上，对照犀牛特征，寻找适合折叠犀牛的方法，从而把握步骤、解决难点，体现创新能力。

2. 情境不能断

情境是整个活动的线索脉络，因此，无论哪个环节，都要牢牢把握这一线索，环节之间不能中断，否则将导致幼儿无所适从，让情境断裂。关于这方面的心得，我们听听中班的徐老师来说说她的体会。

实例

中班“沙丁鱼风暴”——紧贴故事，展开情景

我在这个活动中，考虑的是紧跟沙丁鱼团结一心战胜海狮的情境。利用绘本小黑鱼作为活动的引子，以“故事里的鱼现实中真的存在吗?”为问题引发孩子讨论。有的孩子说是真的，有的孩子说是假的，一下子激起了幼儿的好奇心。再用视频重现海洋里沙丁鱼风暴的情景，让孩子们在体验大自然奥秘的同时也体验到团结起来战胜强者的快乐。老师最后通过一句话：“在离中国不远的东南亚海域里就有一种鱼像小黑鱼一样团结勇敢，它们就是沙丁鱼，你们想看吗?”来进一步展开情境。

如果说我们让孩子单纯地折一条沙丁鱼就离开了情境，活动就变得没有意义，所以我们就考虑到，让孩子们把折沙丁鱼和体会沙丁鱼风暴战胜大鱼的情境结合在一起，用游戏一起战胜大鱼，使学折沙丁鱼有了动机。

在折叠沙丁鱼时，我们将折叠方法和鱼的特征、习性相结合，例如：鱼鳍在哪里？没有鱼鳍，沙丁鱼能不能游动？有的幼儿对折合拢时将鱼鳍折在了里面，教师就用“鱼鳍藏在鱼的肚子里怎么游泳呢”启发思考。有的幼儿急于求成，尾鳍没有剪开，教师又用“仔细看一看，还少了哪个重要的部位，鱼是用什么来控制方向的呢”让幼儿进一步探索。

在部分幼儿完成折叠时，我们又从沙丁鱼习性出发，引导幼儿发现一条、两条沙丁鱼在海里游很危险，主动寻找朋友一起游才能出现沙丁鱼风暴，将折叠的沙丁鱼与同伴的不断连接。

重现沙丁鱼风暴是孩子们最兴奋的时刻，此时千万不能丢了“捕食者大鱼”的存在。教师以大海狮的身份参与，以一群小沙丁鱼和一头大海狮的对垒展开游戏。每一次改变队形后，用“这是一堆大海藻，游进里面要嵌牢，快走快走”，或是“原来海藻是沙丁鱼，再见海藻不上当”等话语，启发幼儿改变队形，让游戏更生动有趣且又在情境之中。在沙丁鱼与海狮一次次的较量中，把孩子们合起来团结一心对付海狮的热情发挥到极致，真正体现活动的价值。

3. 语言不能乱

幼儿美术活动，往往给人一种错觉，认为艺术表现无须关注语言，更会以幼儿年龄小，教师现有的知识绰绰有余，忽视教师的语言素养，时常会在活动中随心所欲、信口开河。总结为三大问题：

（1）任意用魔术来解释探索和创新。

新的折纸方法“变”出来，新的泥工方法“变”出来，新的绘画方法“变”出来，美术课变成魔术课，教师成了变戏法的“魔术师”。虽然幼儿有了即时的惊讶，却少了思考（怎么会）和探索（试一试）。一切艺术表现都是心理表象的图式化，艺术创新中没有魔法。这样的做法都源自成人骨子里的轻视儿童，是“小孩子嘛只要骗骗就行”“反正对小朋友说，说什么都没关系”等陈旧落后观点在作祟。

如果我们把幼儿看作是只比我们小一点的朋友，就绝不会轻率地糊弄小孩，在每一次的回应时真心诚意地对待孩子的想法，我们的回应能力也就会与日俱增。

(2) 以强调拟人化为由信口开河。

孩子的年龄特点决定了他们对事物的认识带有强烈的感情色彩，富于幻想，为此，教师时常用拟人化的方式，给活动增添童话色彩，但教师如果长期一味采用拟人化，也会让孩子的认知变得浅显又狭隘，需要十分慎重。例如，在“沙丁鱼风暴”的活动中，刚开始老师也用“请更多的小鱼来”的说法，殊不知小鱼是自己游来的呀！哪里需要人去请呢？在幼儿园，类似这样的现象较为明显，经常会出现“帮小鸡捉虫”(小朋友能捉虫吗?)“为美人鱼造家”“让我们帮松鼠去摘松果吧!”“帮毛毛虫扭一扭”(毛毛虫不就被捏死了吗?)等笑话。久而久之，幼儿也会悟出老师说的都是假的，不会全身心投入到活动创作中来。

(3) 不尊重科学，不满足好奇心，不激发求知欲。

美术创造离不开幼儿对周围事物的感受，他们虽然受认知能力和思维水平的限制，时常会出现成人无法预料的判断和解释，但这也是幼儿美术创造的一大亮点。教师应该接受幼儿非成人化的思考，又应尊重科学，十分慎重地对待。例如：在开展“好饿的毛毛虫”活动时，对毛毛虫是否为昆虫，我们专门查阅了大量的资料进行考证，结果发现：毛毛虫有真足与假足之分，成蛹退化后形成三对足，破蛹化蝶，因此它还是昆虫；但是并不代表所有的小虫子都是昆虫，蚯蚓、蜈蚣就不属于昆虫。虽然这些道理不一定需要在一节课里一五一十地介绍给幼儿，但对教师自身的科学素养和知识储备而言，仍然至关重要。

又如“拯救白犀牛”活动中，小朋友在搜集信息时，简单地从字面上理解，认为北部白犀牛就是生活在北部，其实，白犀牛喜欢的生存环境是潮湿炎热的地带，这里的北部特指赤道范围的非洲北部区域。而小朋友在谈论中国的南部白犀牛时，说在上海××动物园看到白犀牛，此时教师不能附和导致孩子产生错误认知，应该第一时间帮助孩子厘清概念，上海寒冷的冬季其实不适合白犀牛的生存，它们都集中在温暖的南方，如广州、珠海一带。

结束语

以上是我们在幼儿折纸教学的研究过程中，从把握幼儿的学习特点，研究幼儿的学习过程，加强教师的知识储备三个方面的点滴收获。

从幼儿角度，希望每位老师能选择幼儿喜闻乐见的题材内容，在丰富多彩的情境中，运用十个“折法金刚经”，举一反三、千变万化，真正将折纸的快乐还给幼儿。

从教师角度，更希望大家都加入折纸的行列，期待折纸这一凸显中华悠久传统文化的活动，在幼儿园里蓬勃开展起来，让我们的孩子在折纸活动中玩出中国娃娃的精彩。

活动方案

好饿的毛毛虫(小班)

执教者：浦东新区东方幼儿园　李　丽

活动实施

活动目标：

1. 喜欢模仿毛毛虫一扭一扭往前爬寻找食物。

2. 尝试连续地对边折，把握对边折、压平折边的折叠方法。

活动准备：

1. 经验准备：初步尝试过对边折的折纸方法。

2. 教具：PPT(毛毛虫爬行卡通视频)、长条纸(25 cm * 7 cm)、大吸管。

3. 学具：长条纸 15 cm * 3 cm 若干、各种食物图片(多种颜色的棒棒糖、蛋糕、苹果等)、吸管。

活动过程：

一、学毛毛虫爬行

1. 观看视频。

师：太阳出来了，瞧瞧，谁来了？(毛毛虫)

2. 扮演毛毛虫。

师：毛毛虫是怎么爬的？

(幼儿可能会说：一扭一扭往前爬，也可能用动作表示。)

师：让我们学学毛毛虫，一扭一扭往前爬吧。

(幼儿学毛毛虫，跟随音乐向前爬。)

• 如果幼儿在原地爬，教师可说："毛毛虫们，一扭一扭向前爬。"

• 当幼儿出现不同的爬行动作时，教师可运用语言和动作暗示其他幼儿用不同的方法向前爬。如有幼儿用扭屁股的方法向前爬，教师就可以说："瞧，有的毛毛虫小屁股都扭起来了。"

• 当音乐进行到后面时，教师要运用情境语言提示幼儿回到座位："毛毛虫们，让我们一扭一扭爬回家。"

过渡：今天早晨，一条毛毛虫要醒了，（教师从下面捧出一条"毛毛虫"，放到桌上）它弯了弯腰（对边折，压平折边）。

二、探索折叠方法

1. 探索第一次折叠的方法：对边折。

师：毛毛虫是怎么弯弯腰的？

（教师演示，幼儿观察说方法："对边折，压平折边。"）

• 当幼儿一时回答不出时，教师可以和幼儿一起说：对边折，压平折边。

2. 探索第二次折叠的方法：对边折。

师：毛毛虫又要弯弯腰了，你们说，毛毛虫来做。

（幼儿说出方法，教师第二次折叠。）

3. 探索第三次折叠的方法：不断"边对折线折"。

师：毛毛虫醒了，它伸了一个懒腰。它觉得肚子好饿啊，就把身体扭了起来。（边对折线折，压平折边，扭一扭，歇一歇。）毛毛虫是怎么扭的？

（引导幼儿说出"边对折线折"，接着教师连续折叠，幼儿一边观察一边说："边对折线折，压平折边，扭一扭，歇一歇。"）

追问：哪条是折线？（让每一个幼儿指一指、认一认。）

• 毛毛虫还要扭一扭，我们一起说"边对折线折，压平折边，扭一扭，歇一歇"。（师生一起说，教师折。）

• 毛毛虫还能扭哦！这次你们说，它来扭。（幼儿说，教师折）再来（幼儿再说，教师折)。

● 折边变得厚了,可提醒幼儿:“折边变厚了,压平折边的时候,我们可以请指甲帮帮忙。”

4. 毛毛虫找食物。

师:毛毛虫觉得肚子更饿了,于是,它又伸了个懒腰,这次它拱起的身体像什么?(像小桥,像彩虹。)

(教师边说,边打开折叠的毛毛虫,幼儿通过观察说出毛毛虫身体的形状。)

师:毛毛虫拱起像小桥、像彩虹一样的背,头一抬,尾巴一翘,一扭一扭出门去找东西吃了。(教师拿出吸管吹动毛毛虫,幼儿边观察教师吹边说:“扭一扭,向前爬。”)

师:(出示棒棒糖)毛毛虫看到前面有一根棒棒糖,它要更努力地向前爬,你们说“扭一扭,向前爬”给他加油哦!

● 幼儿说“扭一扭,向前爬”,教师用吸管吹动毛毛虫一下。

● 当毛毛虫碰到棒棒糖后,教师问幼儿:“毛毛虫吃到棒棒糖了吗?”(吃到了。)教师说:“啊呜一口吃下肚,嗯——棒棒糖真甜啊!”(同时把棒棒糖拿走,模拟吃到棒棒糖。)

三、学做毛毛虫

1. 学做毛毛虫。

师:你们想不想也来做一条毛毛虫去找东西吃?(教师捧起一条条毛毛虫,竖着放到幼儿的面前。)

(1) 幼儿尝试让毛毛虫弯两次腰(对边折两次,弯弯腰,压平折边)。

● 幼儿不动或者做错时,教师语言提示:“还记得毛毛虫是怎么弯弯腰的吗?”

● 可以适当帮助幼儿第一次弯弯腰(对边折,压平折边)。

● 提醒幼儿第二次弯弯腰:“毛毛虫还要弯弯腰哦,怎么弯腰?”

● 用语言提示幼儿互相学习:“看,这条毛毛虫已经两次弯弯腰了,你的毛毛虫呢?赶快让他弯弯腰。”

(2) 幼儿折叠让毛毛虫扭起来(边对折线折),教师注意观察,提醒幼儿让毛毛虫扭一扭,歇一歇(压平折边)。

● 语言提示幼儿第三次折叠:“毛毛虫弯弯腰后,伸了一个懒腰,它觉得好饿啊,就把身体卷了起来,还记得毛毛虫是怎么卷起身体的吗?”(边对折线折,压平折边,扭一扭,歇一歇。)

● 可以适当帮助幼儿第一次卷起身体(边对对边折,压平折边)。

● 提醒幼儿继续卷起身体:“毛毛虫还要卷呢,加油哦?边对折线折,压平折边；扭一扭，歇一歇。”

• 教师拿起已经卷起身体的“毛毛虫”，用语言提示幼儿互相学习：“看，这条毛毛虫把身体卷得紧紧的，你的毛毛虫呢？赶快让它卷起来。”

• 折边变得厚了，可提醒幼儿：“折边变厚了，压平这边的时候，我们可以请指甲帮帮忙，这样毛毛虫才会卷得更紧。”

• 提醒幼儿让毛毛虫第二次伸懒腰：“毛毛虫要出门去找好吃的东西啦！赶快伸个懒腰，拱起小桥一样的背，头怎么抬？尾巴怎么翘？”

• 教师给做出拱起身子的毛毛虫的幼儿发吸管：“这条毛毛虫头抬起来，尾巴翘起来了，让它一扭一扭往前爬，去找好吃的东西吧！”

2. 毛毛虫一扭一扭向前爬。

(1) 幼儿尝试着吹吸管让毛毛虫向前爬。

• 幼儿出现把毛毛虫吹走的现象，教师可以说：“一阵大风吹来了，毛毛虫都被吹跑了，这样可找不到好吃的了！”

(2) 教师和幼儿共同探索吹吸管让毛毛虫爬起来的方法。

• 一段时间探索后，如果有个别幼儿探索成功，教师可以让其他幼儿停下探索：“毛毛虫们，我们停一停，一起来看看，这条毛毛虫是怎么一扭一扭往前爬的？”(让成功幼儿吹，其他幼儿观察。)追问：吸管吹在毛毛虫的什么地方？(让幼儿在观察中明白：吸管吹在毛毛虫的背上，毛毛虫就能一扭一扭往前爬了。)

• 如果没有一个幼儿探索成功，教师也可以进行示范：“毛毛虫们，停一停，一起看看这条毛毛虫是怎么一扭一扭往前爬的？”(教师示范，幼儿观察。)

• 通过个别幼儿示范或教师示范的方法后，教师提醒幼儿再次尝试：“原来，只要用吸管吹动毛毛虫的背，毛毛虫就可以一扭一扭往前爬了。”

(3) 幼儿再次尝试吹吸管让毛毛虫爬的方法。

• 在扭动的“毛毛虫”前放上棒棒糖，模拟吃到食物：“这条毛毛虫爬起来了，棒棒糖在这里，毛毛虫，爬过去吃吧！”

• 鼓励没有爬起来的"毛毛虫"："刚刚我们说吸管吹在毛毛虫的哪里？（背上）吹在背上试试看。"

• 当毛毛虫吃了一根棒棒糖后，可以给幼儿第二个颜色的棒棒糖，激发该幼儿和其他幼儿多次尝试的兴趣："这里还有一根红色的棒棒糖，毛毛虫，爬过去吃吧！"

• 当个别幼儿叫"老师，我吃好了""老师，我还要吃"时，教师可用情景语言提示："静悄悄的毛毛虫在哪里？看，食物马上就会找到了。""我们毛毛虫可不是苍蝇，从来不喜欢嗡嗡叫。"也可介绍安静等待的毛毛虫："这是一只静悄悄的毛毛虫，再去找一个棒棒糖！"鼓励其他幼儿仿效。

• 如果有个别幼儿没有用吹吸管让毛毛虫爬起来，教师可以把棒棒糖靠近毛毛虫："没吃到，也许毛毛虫太饿了，也给一根棒棒糖喂一喂吧。"

四、交流：谁吃到了棒棒糖

1. 说说吃到的棒棒糖。

师：毛毛虫们，你们吃到了几根棒棒糖啊？（幼儿根据自己手中棒棒糖的数量说一说。）

• 在提问之前，教师提示幼儿把用过的吸管还回教师手中的篮筐里："毛毛虫吃饱了，把你们的吸管还回来吧。"

2. 出示苹果、蛋糕等食物。

师：看，这里还有许多好吃的东西，有苹果、蛋糕……

（教师出示食物图片，幼儿根据图片说名称。）

师：每天吃一样，明天我们再来找好吃的东西吧。

• 提醒幼儿："让毛毛虫留在草地上，我们带着棒棒糖回家啦！"

3. 幼儿在"毛毛虫"的音乐声中，带着棒棒糖离场。

• 提醒幼儿整理好椅子离场："记得把小椅子推进桌肚里，小门关关好。"

沙丁鱼风暴(中班)

执教者：奉贤区解放路幼儿园　徐丹红

活动实施

活动目标：

1. 运用集中一角折和向外打开的方法，尝试折叠沙丁鱼。

2. 体验团结一心战胜大鱼的快乐。

活动准备：

手工纸、剪刀、打孔机、连接扣、沙丁鱼风暴视频

活动过程：

一、回忆观赏

师：你们听过《小黑鱼》的故事吗？

生：听过。

师：谁还记得小鱼们是怎么吓跑大鱼的呢？

生：他们每天都练习变成大鱼的队形……

生：小黑鱼们游在一起变成一条很大的鱼吓跑大鱼。

过渡：是呀，小鱼们团结在一起变成最大的鱼就能把大鱼吓跑了。

师：其实在真实的海洋里也有一种小鱼会合起来变成大鱼，这种鱼叫沙丁鱼，我们一起来看看！(观看沙丁鱼风暴视频。)

师：哇——太壮观了，千万条沙丁鱼游在一起，人们就把它称作沙丁鱼风暴。

二、折叠沙丁鱼

师：你们想不想也来折一折沙丁鱼，像真的沙丁鱼那样，来一场沙丁鱼风

暴呢？

生：想。

师：那我们就来试一试，要折沙丁鱼，第一步是要折出沙丁鱼大概的样子，等一会儿仔细看一看，沙丁鱼的身体是用什么方法折的呢？

生：集中一角折。

师：这个折法就叫做——集中一角折。

师：那么刚刚老师集中一角折了几次？

生：两次。

师：两次集中一角折的方向一样吗？一次是什么样的？另一次是什么样的？

生：是上面往下折一次，下面往上折一次，两边都要折。

师：如果上面是沙丁鱼的鱼头，那么下面是沙丁鱼的什么地方呢？

生：上面是鱼头，下面是鱼尾。

师：中间是沙丁鱼的什么部位？

生：中间的地方是鱼鳍。

师：可是现在鱼鳍还没有打开，鱼就没有办法游。鱼鳍可是帮助鱼游泳的，是鱼身上很重要的部分，我先把一个鱼鳍打开，你们说说看我是怎么打开的？

生：对角折，压平折边，打开，向外打开一次。

师：鱼的身上两边都有鱼鳍哦，左边用了向外打开的方法，那右边也应该用什么方法呢？（向外打开。）你们来说，我来做。

生：对角折，打开，小手伸到里面，向外打开，压平折边。

师：现在沙丁鱼的身体和鱼鳍都有了，再有一个平平的鱼头和翘起的尾鳍，它就马上能够游进大海了。

三、幼儿折叠

师：老师在你们桌子上面准备好了手工纸，赶紧自己试一试去折一条沙丁鱼，游进大海里去玩沙丁鱼风暴吧！

第一步：

- 沙丁鱼的身体是用什么办法折的呢？
- 一上一下集中一角折，折出鱼的身体。

第二步：

- 身体有了，鱼鳍在哪里呢？
- 有了鱼鳍才能帮助沙丁鱼把握方向。

- 沙丁鱼为什么可以飞快地游，全靠他的鱼鳍哦！
- 对角折，向外打开两次，就能折出鱼鳍。

第三步：

- 你们看，他已经把沙丁鱼的头折出来了，他用了什么办法折？
- 他用一角向中线折的方法就折好了沙丁鱼平平的头了。
- 他也是一角向中线折，但是他是向外折，看来向里折和向外折都能让沙丁鱼的头平平的。

第四步：

- 沙丁鱼的头也折好了，现在就差沙丁鱼翘起的尾鳍了。
- 有的小朋友拿起了桌上的小剪刀，真是亮眼睛。
- 沿着中线剪一刀，再折一折就能让尾鳍翘起来了，好办法！
- 这样聪明的沙丁鱼，等会大鱼一定捉不到他！

第五步：

- 一条沙丁鱼已经游来了，怎么能战胜大鱼呢？瞧，这里有几条沙丁鱼游来了？（出示三条连在一起的沙丁鱼。）他们说，更多的沙丁鱼游来，我们就能形成沙丁鱼风暴，看看他们是怎么游在一起的？
- 一头一尾打个洞，中间再用圈圈连起来，就能让沙丁鱼游起来，这又是一个好办法，怎么这群沙丁鱼这么聪明！
- 看来等一会儿一定能变成各种各样的沙丁鱼风暴，骗过大鱼。
- 沙丁鱼越游越多啦，和旁边朋友的沙丁鱼都要连起来哦！
- 这位朋友会打洞，可以去帮帮旁边的朋友，沙丁鱼就是要互相帮助才能战胜大鱼。
- 我也来帮帮你们，等一会儿一起战胜大鱼。

四、再现沙丁鱼风暴

- 师：大鱼看似过一会儿就要游来了，我们赶紧一起围成大海洋，让沙丁鱼游起来。我们一起来试着说：1——2——3——沙丁鱼风暴，看看沙丁鱼风暴像什么好吗？

好，我们一起说，1——2——3——沙丁鱼风暴。

赶快说说沙丁鱼风暴像什么？

师：（装成大鱼）大鱼游来啦！咦，这是一个海星啊，不是我要吃的沙丁鱼，我还是走了吧。

大鱼回去一想，刚刚那个海星好像是沙丁鱼变得嘛。明天我要是再看到，我一定不能上当啦。

师：大鱼说下次看到海星不会再上当了，所以沙丁鱼还能游成海星的样子吗？

生：不能！

● 师：那沙丁鱼风暴还能游成什么样？谁来试试看？

生：1——2——3——沙丁鱼风暴。

师：沙丁鱼风暴像什么？

生：像××。

师：（装成大鱼）大鱼又来啦，这是××嘛，又不是我要吃的沙丁鱼啊，我要饿死啦，还是去别的地方找找吃的。

师：你们好厉害，这次又骗过大鱼咧，沙丁鱼风暴还能游成别的样子吗？

● 师：这次谁来试试看？

生：1——2——3——沙丁鱼风暴。

师：沙丁鱼风暴像什么？

生：像××。

师：（装成大鱼）大鱼游过来一看，不是××，不是××，原来是××。看来我又吃不到沙丁鱼了，真是气死了！走啦走啦！

●（如果两次游成的沙丁鱼风暴一样）师：还是××吗？昨天沙丁鱼风暴像××，我没发现，今天还是××我可不会上当了。

师：赶快游一游，变成海洋里的其他东西吧。

这群沙丁鱼真是太厉害了，足足骗了我三次，沙丁鱼们团结勇敢可真是不得了啊。

这个游戏好玩吗？我们回教室折更多的沙丁鱼来玩更大的沙丁鱼风暴好吗？

拯救白犀牛（大班）

执教者：姜　岚

活动实施

活动目标：

1. 关注动物的生存，乐于主动参与拯救白犀牛，体会人与动物是朋友的情感。

2. 运用折纸基本方法，对照犀牛特征，把握折叠的步骤。

活动准备：

1. 幼儿经验：搜集广州长隆动物园中我国南部白犀牛的相关信息资料，开展讲新闻活动，同时观看了解关于非洲北部白犀牛苏丹的纪录片、故事等，前期开展围绕濒临灭绝的珍稀动物的家园调查活动。

2. 物质准备：手工纸（白色、灰色、米色、淡黄、粉红色），演示用的步骤图和部分折法过程的成品呈现图示，拯救白犀牛苏丹的获奖作品场景（草原）。

活动过程：

一、激发情感、引发动机：行动起来、拯救白犀牛

1. 经验回顾："濒临灭绝的白犀牛"。

以新闻图片等引发幼儿回顾对白犀牛的认知经验（广州长隆野生动物园的南部白犀牛以及世界上最后仅剩的 3 头北部白犀牛——分别是犀牛爸爸、犀牛妈妈和犀牛妹妹）犀牛家族在世界上的数量越来越少了，几乎要灭绝了。

（1）从仅存的犀牛数量展开讨论，激发幼儿保护它们的情感。

师：人们在长隆野生动物园修建沼泽树林，让白犀牛在熟悉的生活环境里繁衍，虽然在中国白犀牛还有两千多头，是不是代表我们可以不用再去保护它们呢？

（2）怎样让白犀牛的数量不再继续减少？（引发幼儿已有经验，与白犀牛建立共情。）

（3）前不久又传来了坏消息：白犀牛爸爸去世了！如果一个家里没有了爸爸，意味着什么？（再次引导幼儿关注"灭绝"的后果，延续拯救白犀牛的情感动机。）

2. 交流各种力所能及的保护办法，加入拯救白犀牛的行列。

讲述全世界都加入保护白犀牛的队伍，科学家的实验研究，野生动物园保护动物的各种举措，没有买卖就没有伤害等行为，再次引发幼儿以折纸方式，共同努力参与到拯救白犀牛的行动中。

过渡语：我们小朋友这么小，能为拯救白犀牛做哪些有益的事呢？例如，可以告诉周围的人这件事，让大家都不去买犀牛角的工艺品或药品，去野生动物园看看白犀牛、种植白犀牛喜欢吃的植物、时时警惕阻止偷猎者、宣传支援科学家等……这些都是我们可以采取的行动。

3. 引出"折纸签名"行动

师：我们今天也拿出保护白犀牛的勇气，来试着折一头白犀牛，签上自己的名字，告诉别人保护犀牛的同时可以送上我们折好的白犀牛，这也代表着我们拯救白犀牛的决心。折出一头犀牛就代表我们保护它们的一片心，折得越多，就可以向更多的人宣传拯救白犀牛行动。

二、探索折叠犀牛的方法

（所有图示都是折好的实物，可以当场打开观察折法的变化）出示白犀牛的图片，便于幼儿对照观察特征

（一）结合基本折纸方法，运用到折叠犀牛的步骤中：（红色为基本折法）

- 继续延续动机——过渡语：虽然我们从来没有折叠过犀牛，但是和科学家

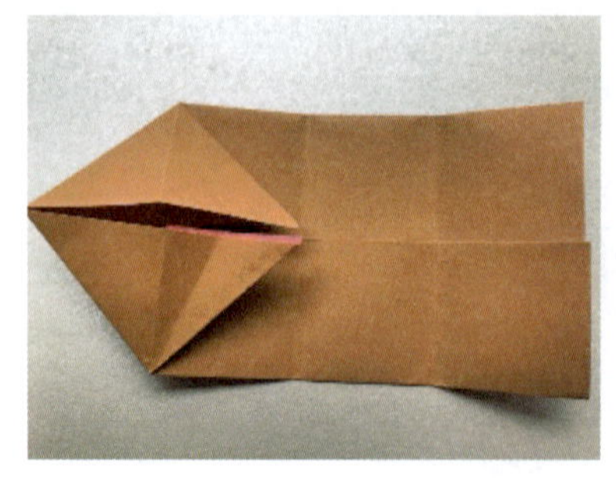

做实验一样，再难的事，总要努力试一试。为了表达我们拯救白犀牛的决心，一起行动起来吧！

1. 基本外形（区分犀牛的头和身体）——两边向中线折两次，一端向外打开，折出犀牛的基本外形

* 分辨白犀牛的头部和身体：这是白犀牛大概的样子（教师手持步骤纸样演示）

* 主要提问：用什么方法折出白犀牛的头和身体？（可提议将图示的折好的作品打开看一看）身体是怎么折的？两边向中线折了几次？头又是怎么折的？

* 共同小结折叠步骤：两边向中线折 2 次，向外打开（分辨头部和身体）

如果幼儿已熟练掌握，则简单带过不花过多时间。

2. 折叠白犀牛尖尖的耳朵和犄角——集中一角折

* （观察犀牛外形）犀牛的头部有什么，用什么方法可以折出尖尖的耳朵和犄角？（引导幼儿发现尖尖的形状，可以用集中一角折的办法）

* 主要提问：第一次集中一角折，折出耳朵，第二次集中一角折，折出尖尖的犄角，两次有什么不一样？（幼儿发现方向区别：竖着折耳朵，横着折犄角）

* 沿折痕展开图示，观察比较用“集中一角折”折叠耳朵和犄角的不同方位。

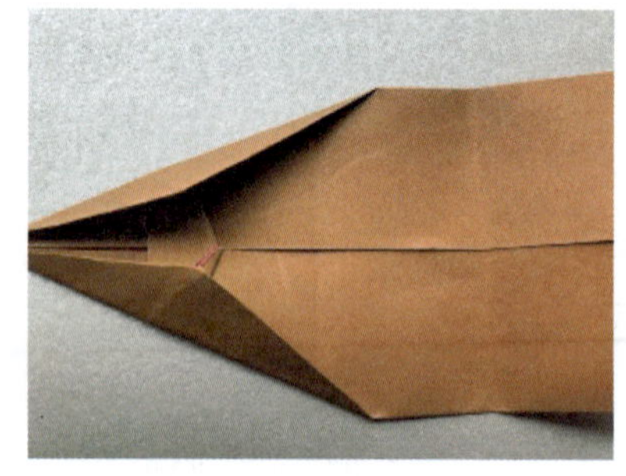

* 共同小结折叠步骤：对折边集中一角折耳朵，对纸边集中一角折尖尖的头

3. 折叠白犀牛身下的四条腿：身体下面是四条腿，现在身体太长，可以向中线折犀牛后腿的位置，翻向肚子，两角向中心折后，向外拉出后腿

* 折后腿：两角向中心折向外打开——

主要提问：分辨究竟是集中一角折还是两角向中心折？

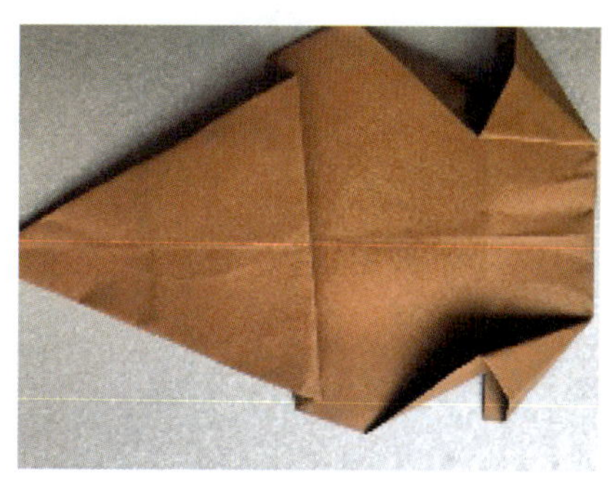

* 共同小结折叠步骤：两角向中心折向外打开

* 折前腿：一正一反折——找到中线处再一正一反

* 共同小结折叠步骤：找到中线一正一反对中线折后翻个身，两角向中心折后，向外打开

（此处重点演示尝试“折＋拉”的连贯动作，体会折叠后腿很不容易，只有决心保护犀牛的人才能自己折出来）

4. 怎样让白犀牛站起来呢？

师：藏进犄角背朝上，对折站起来（分辨背和肚子），拉出耳朵，犀牛最珍贵的犄角怎么折出来？（此处省略折角的演示，直接出示成品，鼓励幼儿独立探索并体验成功的快乐。）等会请小朋友动脑筋，靠自己试着让犀牛的犄角翘起来。

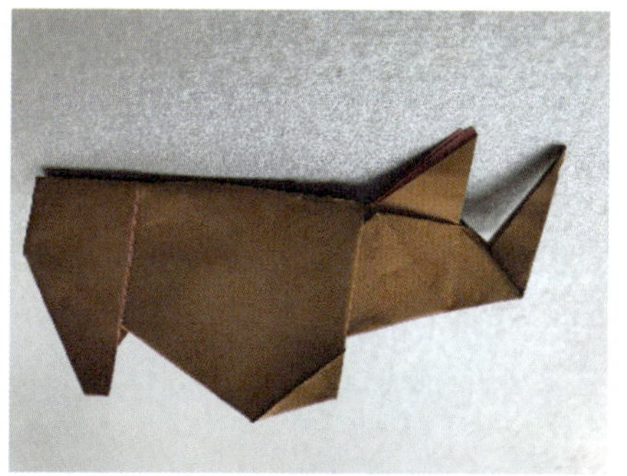

（二）幼儿尝试完整折一只白犀牛，表达保护动物的决心

过渡语：折出一头白犀牛和拯救白犀牛的行动一样，都很不容易。你们想不想证明自己拯救白犀牛的决心？我们今天一起用自己的勇气和智慧，折一头白犀牛，再签上自己的名字，代表我们成功加入拯救犀牛的队伍，也代表我们保护白犀牛的决心。

1. 教师巡回观察，了解幼儿在折纸过程中的情况予以个别指导，重现折叠方法，并将步骤和特征环环对应。（每组可摆放一只折好的成品供幼儿观察）

2. 针对联系特征、把握折法步骤的指导和激励

（1）对照特征折出基本外形

● 如果今天不需要老师帮忙，自己折出白犀牛，说明你的决心很大；如果请老师帮了一次忙，说明决心还可以；如果再帮一次忙，决心就有点小了；还要帮忙就难

说了。

● 拯救行动从一开始就要仔细用心，每一次认真对齐，就可以让你的白犀牛更健康更强壮。

● ××小朋友暂时领先，身体和头部折得平整，跨出了拯救行动的一大步。

● 有的小朋友已经折出了犀牛尖尖的耳朵，看来我们的决心又大了一点。

● 你们的纸比平时教室里的大，一般这么厚的纸集中一角折，小朋友的力气都不够的，但是你们每个人都在努力地压平折边，而且折得都这么整齐，决心都很大！

● 今天没有一个人告诉老师“我折不动”，“我想退出行动算了”，说明你们的决心真的非常了不起！

● 我怎么听不见有人叫老师帮忙呢？看来小朋友的决心都很大！

● 老师们也来压平折边出把力，表示我们大人们的决心。

（2）探索腿和犄角的折法

● 后腿需要两步一起折，最难的地方就是在考验我们决心和勇气，只有最有决心、最爱白犀牛的人，才能自己折出来！

● ××小朋友对齐中心线不马虎，这样犀牛腿不会有长短，站得更稳。

● 耳朵能想办法翻出来，让犀牛宝宝听到我们爱护它、拯救它的呼声。

● 犀牛最最珍贵的犄角，已经有小朋友动脑筋折出来了，不愧是爱护它的朋友啊！

● 你们不用老师提醒，把每一步都记得这么牢，个个都像科学家一样，自己想办法研究！

● 有的小朋友虽然速度不快，但是折得很仔细。不着急，因为拯救犀牛的行动不是一朝一夕就能完成的事。

● 坐在后面的老师们还没折好，××小朋友已经成功了，你是我们中间第一个加入拯救行列的人，快在犀牛身上签上自己的名字，代表决心。

● 数一数，现在有多少人知道保护白犀牛的行动了？一头白犀牛一片心，看上去今天已经有××位朋友加入拯救行动了。

三、情感升华，为保护白犀牛共同签名请愿

1.（出示草原和树林的场景）代表野生动物的自然保护区，折好的白犀牛可以黏贴在立体的草地上

过渡语： 虽然今天小朋友第一次折白犀牛，但因为我们都有一颗拯救白犀牛的心，再难的事也充满勇气试着去做，就像动物学家和其他了不起的大人一样。

师：请小朋友将自己折成的白犀牛作品，签上名贴在自然保护区里。数一数，现在已经有多少朋友愿意拯救白犀牛。（能不能让更多的人来折叠白犀牛，放进保护区里表决心呢？）

2. 建议让更多的人来折叠白犀牛，放进大草原表决心，让我们继续开展拯救白犀牛的行动，折出更多的犀牛，带着它们向周围的人宣传，请更多的朋友在这些折叠好的白犀牛身上签名。

四、延伸活动：

在野生动物保护区的场景中设立一块公示牌，记录每天不断增加的宣传数量（类似数字记分牌，折一只犀牛就请一位朋友签名，并翻一页数字，不能重复请同一个人多次签名，以确保宣传知晓的人越来越多）

通过每日讲新闻活动，随时了解长隆野生动物园和世界各地保护白犀牛的行动，继续关注科学家关于后续实验的进程，在犀牛宝宝诞生之前，鼓励每个小朋友都参与折纸签名的行动中。

教研
纪实

理性备课，感性执教

——从折纸活动“好饿的毛毛虫”说起

浦东新区东方幼儿园　李　丽

折纸是我国一项家喻户晓、源远流长的民间艺术，也是儿童艺术创造中不可取代的表现形式。然而，怎样教折纸却使许多幼儿教师却步。几年来，通过不断探索，我们美术工作坊李慰宜和张晨华两位导师编写了《爱上折纸》，将幼儿折纸归纳为十个基本要领和幼儿折纸“金刚经”，简化了折纸步骤和方法，为摆脱被动模仿的传统折纸教法创造了有利的条件。之后，我们又开始折纸教法的实践探索，由我执教的小班折纸活动“好饿的毛毛虫”就是其中之一。

虽说小班集体教学只有 15 分钟左右的时间，所涉及的内容都极为浅显，但是小班幼儿的空间知觉水平低，动手能力差，注意力集中的时间短，更无按步骤操作的意识。要在这短短的 15 分钟教小班折纸，让幼儿有所收获，遇到的问题比其他年龄幼儿更多。在实践探索的日日夜夜里，我深刻意识到“理性备课，感性执教”的重要性。

一、“毛毛虫是昆虫吗?”——加强知识储备，积极回应

美术创造离不开幼儿对周围事物的感受，幼儿受认知能力和思维水平的限制，时常会出现成人无法预料的判断和解释，这是幼儿美术创造的一大亮点。我们应该接受幼儿非成人化的思考，尊重科学，十分慎重地对待，因此，教师自身的知识储备非常重要。

在开展“好饿的毛毛虫”这一活动前，我对毛毛虫是否为昆虫，专门查找了大量的资料进行考证。从资料中，我发现故事中的毛毛虫最后会破蛹化蝶，它有真足与假足之分，成蛹退化后形成三对足，因此这样的毛毛虫是昆虫。但是，在大自然中

也有一些毛毛虫，如：刺毛虫、棉铃虫以及水果中的毛虫等，它们有的带刺，有的是害虫，它们最后变成的却是蛾。虽然这些科学道理不需要都介绍给幼儿，但是有了这些知识储备，教师就可以在幼儿探索中遇到问题时积极应对。因此，当我遇到有的幼儿说毛毛虫会刺人，会咬苹果，不想当毛毛虫去找食物，我就用“它可不是那种毛毛虫，是会变成非常漂亮的蝴蝶的毛毛虫”加以引导，幼儿立刻高高兴兴地参与其中了。

我又从科学录像、动画中认真观察毛毛虫扭动身子的样子，发现有的毛毛虫会先弯一弯身子，再舒展开，如此重复；有的会把身体卷得很紧后再打开，重复两三次后再一扭一扭地往前爬去。于是，我在设计探索折叠步骤时，就把折叠方法和毛毛虫找食的动作相结合，将单调的折叠变成了生动有趣的动作，从而帮助幼儿既了解了毛毛虫爬行的特征，又把握了折叠的步骤。

二、“压平折边”——抓住折纸关键经验，迈出折纸第一步

折纸方法很多，无论哪种折法，压平折边都不容忽视，很多幼儿的折纸作品出差错都在于忽略了压平折边这一十分关键的一步。虽然，小班折纸只是区别边与角的对边折和对角折，但引导幼儿关注折叠后的压平折边最为关键。

我在教幼儿折叠毛毛虫时就将压平折边无限放大，反复强调。当幼儿将对边折和毛毛虫弯弯腰醒来的特征相对应，我就立刻提醒：“对边折，压平折边，弯弯腰，醒来了。”当幼儿将边对折线折与毛毛虫身体扭起来相对应而忘了压平折边时，我又提醒：“毛毛虫，边对折线折，压平折边，扭一扭，歇一歇。”用“压平折边”对应“歇一歇”，并向幼儿解释：“压平折边，歇一歇后，毛毛虫才会更有力气。”当毛毛虫把身体扭紧时，我就再次提醒：“这时候，压平折边要更用力啦，请指甲来帮帮忙吧，这样毛毛虫会卷得更紧。”经过结合情境并对应特征的语言提示，我发现幼儿折叠时“压平折边”的声音不绝于耳。

三、"吹在哪里"——张弛有度，感性执教

幼儿运用吸管吹动自己折叠的毛毛虫向前爬去找食物是整个活动的高潮，可以预料幼儿让自己折叠的毛毛虫爬动起来，终于吃到苹果、棒棒糖时的欢乐景象。此时，我很庆幸自己在准备中考虑周全。

在活动前，我对折叠纸张的材质进行了仔细挑选，手工纸太薄，容易折叠，但一爬就瘫下；铅画纸太松，吹气遇到口水就不会动；卡纸太厚，折叠时压不平……最后，我在众多纸张中选择了一种薄卡纸。接着，我又对纸张的长短、宽窄，吸管的粗细，桌面的平整等各方面都进行了反复试验，最终把所有的前期准备材料都确定了下来。

在这一环节中，探索用吸管吹动毛毛虫向前爬是最关键的，我经过反复推敲，找到了稍倾斜地吹动毛毛虫背部的诀窍。于是，我就设计了几种引而不发，鼓励幼儿众多尝试的方案：

方案一：当个别幼儿吹动吸管让毛毛虫爬起来时，我让幼儿停下，带着问题观察："有一条毛毛虫一扭一扭往前爬了，看看吸管吹在毛毛虫的哪里，它才能一扭一扭往前爬呢？"让幼儿在互动中自己发现吸管只有吹在毛毛虫的背上，才能让毛毛虫一扭一扭往前爬的方法。

方案二：当有的幼儿吹动毛毛虫爬了起来，有的却飞了起来时，我就引导幼儿比较两种吹的方法，找出部位的不同，并强调毛毛虫被大风吹得老远会吃不到食物，引导幼儿继续探索正确的方法。

方案三：如果所有的幼儿都没有找到这一方法，我就进行演示，并引导幼儿判别"吸管吹在毛毛虫的什么地方，毛毛虫才能一扭一扭往前爬呢"。让幼儿在观察教师的吹动中思考，给予幼儿足够的探索空间，在反复的尝试中找到方法。

方案四：当很多幼儿都能吹动毛毛虫，我就引导幼儿进行比较，继续寻找扭动

得又快、方向又准的好办法。

在幼儿尝试用吸管让毛毛虫扭动起来后，我就在扭动的“毛毛虫”前放上棒棒糖，让毛毛虫模拟吃到食物。为了让棒棒糖站起来，我用雌雄粘扣把棒棒糖粘贴在方形的插塑积木上，当毛毛虫吃了一根棒棒糖后，教师可以在原有的积木上插上另一根带有棒棒糖的积木。雌雄粘扣的使用，让幼儿能轻松地拿下棒棒糖，而插塑积木的叠加又可以让我们快速地调换食物。这时的棒棒糖教具，颜色不同，大小不同，给了幼儿不停尝试的动力，使得整个活动紧凑而有序。

俗话说：“台上一分钟，台下十年功”，活动前理性的思考和充分的准备，换来了轻松的执教，灵活的掌控和积极的应对，更给幼儿带来了满满的收获，一切都很值得。

中班活动“沙丁鱼风暴”备课教研纪实

张晨华　徐丹红　姜　岚　李　丽

第一部分：“沙丁鱼风暴”的教育价值的剖析和讨论

一、绘本选材的德育价值指向体现

当我们研读李欧·李奥尼的这本儿童绘本《小黑鱼》，深深地被那跌宕起伏的故事情节，美轮美奂的海底风情，隐含其间的人生哲理所感动。绘本中，当小黑鱼落单时，才第一次真正用自己的眼睛来观察海中的世界，观察这里生存着怎样珍稀有趣的生物，像彩虹果冻的水母、在水下像行走的机器一样的大龙虾、被一根看不见的线牵着的怪鱼、森林似的海草长在糖果般的礁石上、像粉红色的棕榈树的海葵、长尾巴的海鳗……这些都是从小黑鱼眼里看到的世界。而绘本中海底世界的基调，加上拓印、墨迹所创造出的这样一个丰富、神秘、处处充满惊喜的海底世界也是让幼儿最为好奇的。我们发现，幼儿在阅读这个绘本时，时常会被绘本中这些海底生物所吸引，他们会和小黑鱼一样，用自己的眼睛看、耳朵听，去认识书中的海底世界和海洋生物，而我们大人，似乎会被小黑鱼勇敢和团结的品质所吸引，这和幼儿的好奇点就不融合了。在这个简单故事背后，其实还蕴含着深层的寓意：

1. 无论什么时候都要勇敢。

勇敢是什么呢，勇敢就是虽然你害怕，但还是会选择向前走。像小黑鱼失去了伙伴，害怕过，孤单过，但它还是往前游，见到了像机器一样行走的大龙虾，也许连自己都不知道尾巴有多长的海鳗，像果冻一样的五颜六色的水母。在这个过程中小黑鱼很开心。

2. 团结的力量大。

小黑鱼无法对抗像金枪鱼一样凶猛的大鱼，可一个鱼群足以让大鱼闻风丧胆，这就是团结的优势。就像拔河比赛一样，一个人肯定赢不过一个团队，大家团结一致，往一个方向使劲，就有机会赢得对手。

中班幼儿渐渐在活动中学会交往，喜欢和同伴一起玩，与同伴共同分享快乐，但还是免不了会出现以自我为中心的现象，常常在活动中听到幼儿说：“老师我好了。”不会关心同伴，与同伴共同合作。而小黑鱼团结一心对抗大鱼的情景也能萌发他们团结合作的社会性品质。

二、从“小黑鱼”到“沙丁鱼”——让“童话”走向“科学”

中班幼儿具体形象的思维，需要具体的活动情景和让他们感兴趣的活动形式。绘本已经引起幼儿极大的好奇心和求知欲，但绘本毕竟是童话故事只是起到了前期兴趣的激发。而绘本中的“小黑鱼”没有具体指向自然界的生物种类，往往会让孩子感到情景脱离真实世界，只能停留在想象中。如果“小黑鱼”真的存在，那就更能够激发真实动机。于是我们抓住《小黑鱼》绘本中勇敢、团结力量大的教育价值，围绕小黑鱼的特性查阅了大量资料，并得知就在离我们中国不远的东南亚海域里，确实有像小黑鱼这样的鱼存在，它们就是沙丁鱼。沙丁鱼像小黑鱼们一样会游在一起，变换各种队形，形成了壮观的沙丁鱼风暴。我们的团队又搜索到一段关于“沙丁鱼风暴”的视频，视频中向孩子展示了一头海狮与一群沙丁鱼之间博弈的情境，视觉效果相当震撼，会使幼儿对“沙丁鱼团结在一起力量大”有更直观的认识。

幼儿的艺术表达应更多来源于周围真实世界的感受和体验，沙丁鱼视频中动感的效果，有着绘本所不能比拟的视觉冲击。而视频名称中的“风暴”一说，也隐含各种造型的鱼群聚集的形象，有利于让幼儿真正投入到充满好奇和激情的创作中。

第二部分：“沙丁鱼风暴”怎么折

运用一个足以引发孩子参与活动动机的绘本故事和视频，我们开展“沙丁鱼风暴”这一活动。孩子们都十分喜欢《小黑鱼》这个绘本故事，有的孩子脱口而出：“小鱼们虽然很小，很容易被大鱼吃掉，但是团结在一起力量大。”他们开始对海洋里的生物产生了强烈的好奇心，有的孩子还带来了各种关于海洋世界的书籍，互相介绍关于海底世界里的趣事。此时，我们也开始研讨，如何通过集体教学尝试折叠沙丁鱼，体验团结一心战胜大鱼的快乐。

一、折纸步骤设计

折纸教法很容易产生的问题是在教学过程中按部就班地教一步折一步，让孩子死记硬背折纸步骤。我们以教方法不教成品为原则，从中班幼儿学折纸的年龄特点开始分析，对活动中的每一个折叠步骤的教法进行了研磨。

1. 实物照片伴随左右。

在设计活动初始，我们就需不需要出示沙丁鱼实物图片进行了讨论，不使用实物图片，幼儿会对沙丁鱼的身体到底什么样，到底在折叠沙丁鱼哪一个部位产生疑惑。幼儿在折叠时没有对照，就缺少了真实感。因此，我们找了一些沙丁鱼的照片，以便在教师和幼儿观察讨论折叠方法时可以反复和沙丁鱼的样子作对照，使幼儿在思考折叠步骤时不脱离直觉观察折叠的对象。

沙丁鱼的图片有许多，我们先后搜索了以下三张网络图片作为参考，最终考虑到实物图片更能引起幼儿共鸣，且图 3 沙丁鱼的鱼鳍更为明显，更利于中班幼儿进行观察，因此在活动中选择使用图 3 作为实物对照。

图 1　　图 2　　图 3

2. 步骤方法和对象特征相对应。

幼儿的思维是具体形象的，我们利用沙丁鱼的实物图片，从先整体后局部的逻辑开展研讨，注重将每一个折叠步骤都和沙丁鱼的外形特征相对应。

第一步：折沙丁鱼大概的样子。

用两次集中一角折的方法，先将沙丁鱼大概的样子(沙丁鱼身体)折出来。

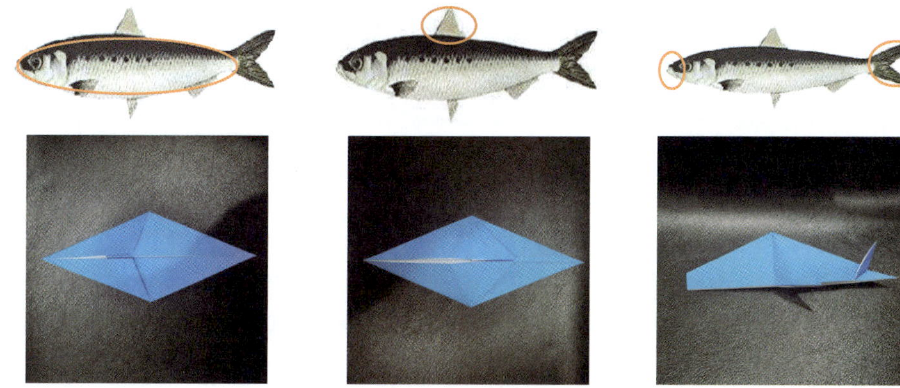

第一步：折沙丁鱼大概的样子　　第二步：折鱼鳍　　第三步：折鱼头和尾鳍

第二步：折鱼鳍。

以对折再向外打开的方法折出鱼鳍。

第三步：折鱼头和尾鳍。

用对角折，然后折出鱼的头部和尾鳍，让沙丁鱼能够游起来。

3. 研讨操作探索策略。

针对幼儿的折纸经验，在组织幼儿探索三个折叠步骤时用了三种不同的策略。

第一步：折沙丁鱼的大概的样子。

集中一角折是幼儿的已有经验，关键点是分辨两次集中一角折的方向，教师不需要演示，只需对照沙丁鱼的外形特征分辨部位，再联系折纸要领分辨两次集中一角折的方位变化。在这里教师先请幼儿观察沙丁鱼外形特征，说说哪里是沙丁鱼的鱼头、鱼尾以及身体部位，再向幼儿提问：用了什么方法折出鱼的大致外形？两次集中一角折的方向是否一致，是怎么样的？利用这两个问题使幼儿分清折沙丁鱼的大致外形，需要用一上一下集中一角折的方法。

第二步：折鱼鳍。

在这一步中，向外打开是幼儿本次活动的新经验，需要我们引导幼儿观察教师的演示，让幼儿说说教师折叠的动作：对角折，压平折边，打开，向外打开，压平折边。有了折一边鱼鳍的动作，另一边的鱼鳍请幼儿来说说动作要领，教师跟着幼儿的语言指导来折，由此共同探讨向外打开的动作。而向外打开的关键点是第一步对角折，压平折边打开后，幼儿需根据折痕进行向外打开的动作；向外打开的动作可以是推、拉或者捏，这几个方法幼儿都可以在折叠过程中使用。

第三步：沙丁鱼游来了。

沙丁鱼折到这一步已经有了身体和鱼鳍，头部的折法可以向外折，也可以向里推，折叠的方法并不局限于某一种，所以我们利用和完成折叠的鱼进行比较，让幼儿自主探索折出沙丁鱼的头部。关于尾鳍，我们提供剪刀供幼儿使用，剪一刀之后也可以用不同的方法折出尾鳍，在这里我们不提供统一的折法，而是给幼儿留出自主创造的空间。

二、折纸过程设计

1. 明确动机——折条鱼玩沙丁鱼风暴。

我们以《小黑鱼》的绘本故事导入，向幼儿提出问题：你们听过《小黑鱼》的故事吗？故事里小黑鱼是如何战胜大鱼的？以此引起幼儿对这群小鱼的兴趣，再以《沙丁鱼与海狮》的视频让幼儿进一步了解沙丁鱼的特征习性，直观体验“沙丁鱼风暴”这一现象。这时再抛给幼儿是否想玩一玩沙丁鱼风暴的想法，让幼儿明确动机，折一条沙丁鱼就可以和同伴一起玩一玩沙丁鱼风暴的游戏。

2. 对照特征——折叠的每个步骤不忘记沙丁鱼。

在折叠时我们将每一步都与沙丁鱼的特征进行对照联系。第一步鱼的身体，对照沙丁鱼的大致外形进行折叠。观察沙丁鱼的头部、尾部比较窄，中间身体比较粗的特征，正好可以用一上一下集中一角折的方法折出；第二步沙丁鱼的鱼鳍，对照实物图片，让幼儿了解鱼鳍在沙丁鱼的中间位置，需要折出两边的鱼鳍，才能让鱼游起来；第三步鱼的头部和尾部，再次对照实物图片让幼儿发现沙丁鱼的头部有点平，需要幼儿探索折叠方法使头部变平；沙丁鱼的尾鳍是分开翘起的，我们提供剪刀，仍旧请幼儿自主探索尾鳍翘起的方法。由于在折叠时有了实物图片的对照，幼儿能将折叠步骤与沙丁鱼部位特征联系起来，这样便于幼儿将沙丁鱼折叠出来。

3. 凸显情景——团结协作融入折叠过程。

在活动中，我们利用绘本故事《小黑鱼》作为活动的引子，以“这个童话故事里的鱼在现实生活中真的存在吗”为问题展开讨论。带着这样的疑问，有的孩子说是真的，有的孩子说是假的，进一步激起了幼儿对这样一群小鱼的好奇心。当老师赋予小黑鱼“在现实的海洋里就是沙丁鱼，并生活在离中国不远的东南亚海域里”这一线索时，幼儿将这一好奇心转移到沙丁鱼上，再以《沙丁鱼与海狮》的视频重现海洋里“沙丁鱼风暴”的情景，使幼儿对沙丁鱼有了进一步的了解，也让他们对“沙丁鱼风暴”的现象惊叹不已。接着我们继续利用折一条沙丁鱼，和同伴一起重现海洋里沙丁鱼风暴的动机，让幼儿在体验大自然奥秘的同时，也体验到团结起来战胜强者的快乐来进一步展开情境，将折沙丁鱼和体会沙丁鱼风暴战胜大鱼的情境之间建立联系。

折叠沙丁鱼，我们分了三个步骤：折鱼的大致外形、折鱼鳍和让鱼游起来。

一是折鱼的大致外形：

利用观察特征比较提问的方法，分辨鱼的身体部位——鱼头在哪里？鱼尾在哪里？中间部位是什么？始终将问题与沙丁鱼的身体部位联系，不脱离真实的沙丁鱼特征。

二是折出鱼鳍：

开始这一步时，教师预设提问：鱼鳍在哪里？沙丁鱼没有鱼鳍能游吗？让幼儿发现折出鱼鳍的重要性，在折叠时教师也始终在情境中提问：“鱼鳍是鱼身上很重要的部位，一边的鱼鳍打开了，另一边没有鱼鳍行吗？”有的幼儿对折合拢时将鱼鳍折在了里面，教师就用“鱼鳍藏在鱼的肚子里怎么游泳呢”的提问来启发幼儿思考。

三是让鱼游起来：

最后一步仍然不能脱离情境：怎样让沙丁鱼游起来呢？当然需要有翘起的鱼尾和平平的鱼头，旨在引发幼儿自主探索，让沙丁鱼赶快游到大海里去。有的幼儿急于求成，并没有把尾鳍剪开，教师会说："仔细看一看，还少了哪个重要的部位，鱼是用什么来控制方向的呢？"从而让幼儿进一步探索。

中班的幼儿在折叠过程中往往会说："老师我好了。"说明他们往往只关注到自己而忽略同伴，而本次活动中，团结一心作为重要思想需要渗透其中。于是，老师设计了邀请每位幼儿折一条沙丁鱼，并让所有的沙丁鱼连接起来形成沙丁鱼风暴这一情境，让幼儿在完成自己的沙丁鱼之后关注到同伴是否已经完成，是否需要帮助，然后共同使用环扣进行连接，进一步凸显"团结一心"这一教育价值。在幼儿尝试与同伴连接沙丁鱼的过程中，我们从沙丁鱼的习性出发，引导幼儿"一条、两条沙丁鱼能够战胜大鱼吗？""一两条沙丁鱼游过来好危险，大鱼一来就会被吃掉了。""许多沙丁鱼在一起才会安全。"通过这样的情境指导，引导幼儿主动寻找朋友一起变成"沙丁鱼风暴"，与同伴的沙丁鱼不断连接。

最后，我们设计了"沙丁鱼风暴"的游戏，将情境进行到底，也将"沙丁鱼风暴"的自然现象重现，这成为了本次活动中最让幼儿兴奋的高潮时刻。在沙丁鱼与海狮一次次的较量中，把孩子们合起来团结一心对付海狮的热情发挥到极致，真正体现了这次折纸活动的教育价值。

第三部分："沙丁鱼风暴"怎么玩

《3—6岁儿童学习与发展指南》中指出：幼儿的社会性是在日常生活和游戏中通过观察和模仿潜移默化地发展起来的。它也提出了这样的教育建议：幼儿园应多为幼儿提供需要大家齐心协力才能完成的活动，让幼儿在具体活动中体会合作的重要性，学习分工合作。

1. 活动中的游戏。

活动的最后一个环节是玩一玩沙丁鱼风暴的游戏。结合幼儿对海底生物的认知经验，让幼儿在折叠沙丁鱼后集合起所有朋友的折纸作品，幼儿围成圆圈形成一片海洋，游戏中变换各种队形，对抗"捕食者大鱼"。幼儿运用对海底生物的已有知识，想象沙丁鱼变成各种不同的海洋生物，从而吓跑凶猛的大鱼。幼儿在游戏中体验了集体力量的强大。教师则以“海狮”的身份参与其中，以一群小沙丁鱼和一头大海狮的对垒展开游戏。

第一次游戏：

幼：1——2——3——沙丁鱼风暴、沙丁鱼风暴！游成了爱心。

师：爱心，是海底沉船里的爱心宝石吗？那我可不能吃，否则肚子都要吃坏了。

第二次游戏：

幼：1——2——3——沙丁鱼风暴、沙丁鱼风暴！游成了电鳗。

师：电鳗要把我电晕了，我可不能碰到它，快逃快逃！

在这里老师虽然以大鱼的身份参与其中，但是只要幼儿能够将沙丁鱼变换的队形说清楚，说出某一海洋生物，老师就会想办法给予肯定。但如果老师一味求输，就无法激发幼儿的求异思维，因此老师也需要在这里以捕食者的身份赢一次，这样就能激发起幼儿更想战胜大鱼的愿望。

第三次游戏：

幼：1——2——3——沙丁鱼风暴、沙丁鱼风暴！游成了章鱼。

师：章鱼比我小，我可不怕，啊呜一口，我要把它吃掉！

第四次游戏：

幼：1——2——3——沙丁鱼风暴、沙丁鱼风暴！游成了捕鱼船。

师：捕鱼船会把我抓走的，我还是逃得远远的比较好。

“捕食者海狮”的胜利能够激起幼儿思考：海洋里还有什么生物比海狮大，可以对抗它呢？从而激发他们对海洋生物认知经验的思考。

只有幼儿不停地变换队形，改变沙丁鱼风暴所变的物体，才能躲避“捕食者海狮”的侵略，其实这一过程是对幼儿和老师的双重考验。对幼儿来说，要始终联想海洋中能够对抗“捕食者海狮”的生物，这需要幼儿对海洋生物有一定的了解，每一轮游戏都能够激发他们对海洋认知经验的思考。对老师来说，更要有足够快速的反应，来分辨幼儿所变换的生物是否能够对抗“捕食者海狮”，这也需要老师有足够的经验储备。在游戏中，幼儿围成一片海洋，团结一心对抗“捕食者海狮”，让幼儿进一步体会到团结力量大的意义，使得游戏更生动有趣且又在情境之中。

2. 活动后的游戏。

活动中精彩的游戏让幼儿意犹未尽，活动结束后孩子们自发玩起了折叠沙丁鱼的游戏：有的幼儿扮演“捕食者”，有的幼儿扮演沙丁鱼，还有的幼儿扮演裁判。游戏时，我们发现幼儿对海洋生物的认知经验越来越丰富，甚至有幼儿带来了关于海洋生物的百科全书用于查找资料。为了更方便记录每一次沙丁鱼风暴游戏中最精彩的变换画面，老师提供了尺寸小一号的手工纸，并且用订书钉替代了原先的大环扣，让幼儿将大的沙丁鱼风暴画面转化成小的画面，连接后布置在墙面上，既可以让幼儿反复折叠沙丁鱼，又可以让幼儿回忆精彩的游戏，将沙丁鱼风暴进行到底。

我们的感悟：

“沙丁鱼风暴”三个阶段的教研活动使我们收获颇多——

李丽：由一个折纸活动涉及对幼儿艺术教育目标定位——坚持方法为内容服务，满足幼儿的好奇心，激发幼儿的求知欲，培养幼儿充分表现对周围事物积极向上的认识与情感。

张晨华：由一本书引发的创作动机——对活动题材的教育价值务必充分解读与提炼，将“手为心动”的教育价值最大化。

徐丹红：由一条鱼提炼的教学方法——真正做到从研究教师的“教”转化为研究幼儿的“学”，激活幼儿的思维，培养创造才能。

姜岚：由一个游戏发掘继续探索的途径——通过整合多个领域、多种学习方式，引导幼儿积极参与。

“一波三折”的拯救行动

——浅析大班折纸“拯救白犀牛”的活动推进历程

姜　岚

2018年4月，由华东师范大学出版社主办的“玩转折纸创意秀”比赛，上海市各幼儿园报名选送了上千件折纸作品，经过层层筛选最终遴选出折法创新奖、内容创意奖、玩法创造奖等共计百件优秀作品。其中乌南幼儿园娴娴小朋友的折纸作品“爱与自然之白犀牛苏丹”（如图），就是其中位列三甲的金奖作品之一。

为推广这一精彩的“百强成品”，通过让孩子共同折叠，传递“保护白犀牛”的环保理念，必须让古老的折纸艺术“返老还童”，焕发与时俱进的全新生命，为此，我们的团队开展了一系列探索与实践。而我作为一个对折纸教学一知半解的“小白”老师，在该活动设计、实施、调整、完善、再开展的过程中，也经历了“一波三折”的心路历程。

第一波：折纸步骤由繁到简

初次接触“白犀牛”，我先自己尝试折了一遍，细数折叠过程，居然达到20个步骤之多！

为了让幼儿掌握如此繁杂的折法和步骤，我把重点放在了一步步出示意图、一个个细化要领上，还伴随很多解释。结果不但时间冗长，而且越说幼儿越迷糊，导

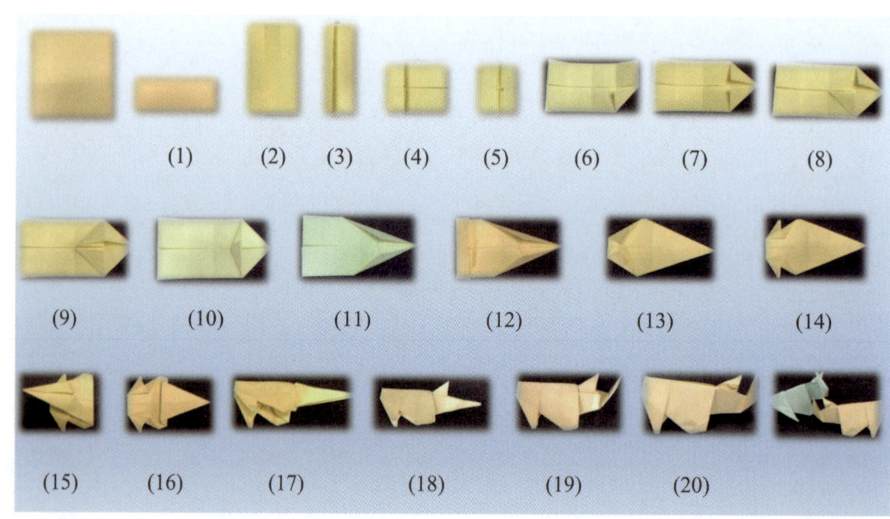

致大多数幼儿如坠云雾、望而生畏，积极性也受到挫败，最终第一次“白犀牛拯救行动”以“折戟”告终。

静下心来总结教学失败的原因，我发现事无巨细地细化步骤，看似面面俱到，实则捆绑了幼儿的手脚，让幼儿跌进了跟着教师一一对应模仿的被动学习陷阱，为此，我们结合幼儿已把握的折纸要领，对折叠步骤进行了大刀阔斧的精减。

我将原先“事无巨细”的 20 步浓缩提炼成“4 步”，即第一步：对边折两次、一边向外打开；第二步：集中一角折两次；第三步：两角向中心折后向外打开、沿中心线一正一反折；第四步：对折、拉出犀牛角。

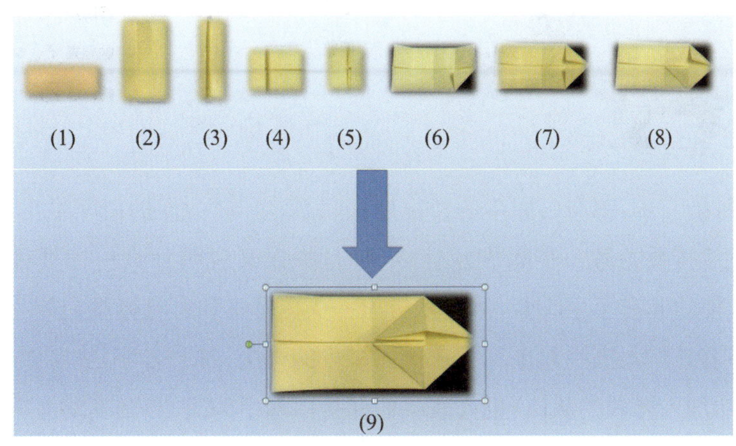

折出犀牛的基本外形（如图），经过简化就从原来的八步简化成一步；特别是当幼儿发现这些都是他们已熟悉的折叠要领时，在教学过程中，他们就会从跟着教师模仿变为主动地观察教师折叠动作或成品，思考判断要领和方位，从而建立了自信，自主探索折纸方法的能力也得到了有效锻炼。

从“繁”到“简”的调整过程，让我从教“成品”转向教“方法”，发现摆脱繁琐步骤的束缚，关键是要紧扣要领、删繁就简，从而使幼儿由强记模仿变为理解探索。

第二波：从“缺口气”到“多口气”

由于简化了折叠步骤，在第二次试教时，幼儿非常顺利地把握了折叠白犀牛的方法，但总觉得还是“缺一口气”，活动过程沉闷。再次回放试教录像，发现幼儿似乎只闷头折纸，在折叠的过程中关注的是折叠要领和方位，和白犀牛的关系却渐行渐远。整个过程变成抽象地学习折纸步骤，导致最终为了折叠而折叠。我意识到缺的这口“气”就是情境和动机，动机是整个活动的灵魂所在，是幼儿源源不断地创造和表现的源动力。如果不能将“折叠过程”与“拯救行动”联系起来，幼儿就会在折叠中与动机分离，失去了拯救行动最珍贵的价值和意义，这口“气”缺不得！

为此，我再次修改教案，将每一折叠步骤与白犀牛的特征对应，对照特征将四个步骤进行不同的解释。第一步：白犀牛大致的样子；第二步：头部的耳朵和犄角；第三步：身体下面粗壮的四条腿；第四步：白犀牛站起来保护好犄角。

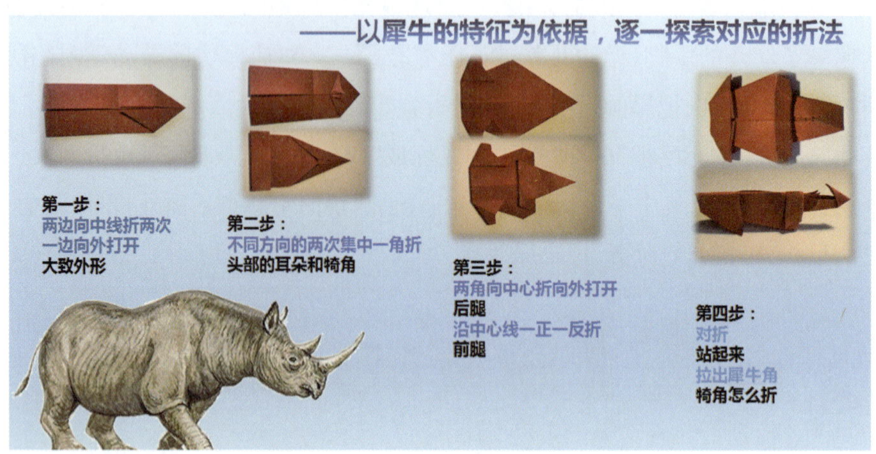

幼儿每折一步，都与白犀牛的特征建立联系，更与"为保护白犀牛出力"建立联系，不断关注折叠的每一步骤表示什么，一旦失误又说明什么……种种"什么"和"为什么"，使幼儿有了主心骨，体会到折出一头白犀牛和所有拯救白犀牛的行动一样，都很不容易！大家一起来用折一头白犀牛的办法，签上名字，放在宣传栏里，代表我们成功加入拯救的队伍，也代表我们保护白犀牛的决心，激发幼儿为拯救白犀牛不断克服畏难情绪、勇于挑战的热情。

从"缺口气"到"多口气"的调整过程，以犀牛的特征为依据，逐一探索对应的折法，使幼儿摆脱记背抽象要领，轻松把握折叠白犀牛的四个步骤，而且将折纸过程化为拯救白犀牛的行动。

第三波：从"学会折出白犀牛"到"折叠犀牛表决心"

在教会幼儿"折出犀牛"变为"折叠犀牛表决心"时，教学也从最初关注幼儿怎样折出犀牛，转变为关注幼儿在活动过程中的情感与态度。这也成为教师充分运用教育智慧，与孩子们进行互动、交流，不断发现幼儿的创意，不断激励幼儿持续保持动机、表达勇气决心的大好时机。

【肯定学习品质】——拯救行动在一开始就要仔细用心，每一次认真对齐，就可以让白犀牛更健康更强壮。有的小朋友虽然速度不快，但是折得很仔细，不着急，因为拯救犀牛的行动不是一朝一夕就能完成的事。

【营造拯救气氛】——××暂时领先，身体和头部折得平整，跨出拯救行动一大步。有人已经折出犀牛尖尖的耳朵，我们的决心又大了一点！××已经成功折出白犀牛，你是我们中间加入拯救行列的第一人，快在犀牛身上签上名字表决心。

【坚定决心动机】——今天我们用的纸比平时教室里的大，一般这么厚的纸集中一角折，小朋友力气都不够，但今天每个人都在努力地压平折边，而且都这么整齐，没有一个人叫"我折不动""我想退出行动"，说明你们的决心真的非常了不起！

【强化情感态度】——后腿需要两步一起折，最难的地方就是在考验我们决心和勇气，只有最有决心、最爱白犀牛的人才能自己折出来。犀牛最最珍贵的犄角，已经有人动脑筋折出来了，不愧是爱护它的朋友啊！

【鼓励自主探索】——怎么听不见有人叫老师帮忙呢？看来决心都很大。耳朵能想办法翻出来吗？让犀牛宝宝听到我们爱护它、拯救它的呼声。你们不用老师提醒，把每一步都记得这么牢，个个都像科学家，自己动脑筋研究成功啊！

【折法联系特征】——××对齐中心线不马虎，这样犀牛腿才不会受伤，站得更稳。

【持续沉浸情境】——白犀牛只有后腿行不行？我看到有的犀牛倒在地上站不起来，说不定已被猎人的麻醉枪打中昏迷了，快点想办法折出前腿，这样就能站起来逃脱猎人的魔掌啦！

【团队共同合作】——一个人拯救的力量很小，需要集体的力量一起参加拯救行动，如果你们小队有人已经成功了，赶紧去帮助其他有困难的同伴，大家相互帮忙，

不靠大人哦。数一数，现在有多少人知道保护白犀牛的行动了？一头白犀牛一片心，看上去今天已经有××位朋友加入拯救行动了……

正是由于教师在过程中，运用一系列生动形象、富有情趣、蕴含教育机智的语言，开展有的放矢地指导和激励，充分挖掘调动了幼儿拯救白犀牛的情感态度和学习动机，课堂氛围发生了质的变化。青青草原上诞生了成群结队的白犀牛，每一头白犀牛都代表着孩子们纯真无邪、真心实意地美好愿望和向全世界呼吁保护珍稀动物、关爱地球生命的恳切心声！

在集体活动结束时，我又不失时机拍摄宣传合影照片，幼儿纷纷提出要让爸爸妈妈转发微信朋友圈，最终活动也得到了家长的广泛支持，共同在孩子的心灵中埋下真善美的种子。

附：家长转发的朋友圈——

让“保护白犀牛”这件事不止步于“折出白犀牛”，而是各尽其能、人人有责，把折纸技巧融于内容之中，激发幼儿的热情，使拯救行动从虚拟落到实处。

这段“一波三折”的折纸教学经历，令我深切感受到要让传统的折纸教学亮起来、活起来、乐起来，作为教师，一定要做到**设计有“魂”、方法有“道”、互动有“趣”。**

折纸设计的**“魂”**在于把握价值取向，“为什么而折”永远先于“折什么”，挖掘幼儿生活中的艺术之魂，点亮幼儿美好心灵中的爱心、童心、慧心。

折纸方法的**“道”**在于关注能力迁移，万变不离折纸10法“金刚经”，活学活用，探索幼儿创意表现中的慧思、慧行、慧能。

折纸互动的**“趣”**在于统整情境线索，理性备课、感性执教，提炼热点、重点、难点，蕴含全面了解幼儿的慧见、慧言、慧智。

第四讲

德育为先，手为心动（绘画）

导语

幼儿绘画教育功夫在画外

江　萍　吴术燕　顾婷婷　孙韵洁

如今，人类的活动已不局限于现有的空间，虚拟世界给人带来梦幻神奇，也带来情感上的虚无感。我们发现这个世界仍然需要情感的链接，人类想要有所超越必须拥有丰富的想象力和强大的创造力。如今的社会对艺术教育有更加清醒的认识和迫切的需要，艺术美感能带给人类温暖，艺术创造能给人带来改变未来世界的无限能量。然而很多人的观念里仍然觉得，幼儿绘画学习就是完成一张作品，画得像便是成功。其实幼儿绘画的本质是丰厚认知和扩大经验范围，丰富生活感受和情感体验，提高审美能力和道德美感，培养探索和创造的能力。我们深深体会到指导幼儿绘画教育功夫在画外。

一、幼儿绘画教育当以德育为先

绘画教育的德育功能优势在于不必硬性灌输，不用通过外在约束强迫幼儿接受，可以让幼儿在感受色彩、形状、布局之美时，潜移默化地渗透。丰子恺先生曾说过："人每天瞻仰这样完美无缺的美术品，不知不觉中精神蒙其涵养，感情受其陶冶。"就像和风细雨之于禾苗，使之茁壮成长却又润物细无声。幼儿感受美的同时，审美能力日渐提高，道德美感逐步形成，可以为他们将来树立正确的世界观和人生观奠定基础。从这个意义上说，幼儿绘画教育当以德育为先。

（一）在情境中感受中国民间艺术之美

中国传统文化在数千年历史的沉淀中逐步形成了相对稳定又独特的特征。然而，近年来中国的传统文化与幼儿渐行渐远，一个中国孩子如果没有中国文化之根基，未来又如何能走得远走得正。作为教师，我们有责任将中国传统文化的元素融入绘画活动，帮助幼儿重拾对中国传统文化的认知。

绘画活动"中国娃娃"，用"穿中国服饰""玩中国游戏"两个情境让幼儿了解丰富而有智慧的中国传统民间游戏和美丽而精致的中国服饰，体会中国人的智慧，感受中国民间艺术之美。

(二) 在操作中体验水墨交融之美

在“中国娃娃”的课程设置中，为了凸显中国传统文化特色，在材料的选择上充分考虑了中国元素。为了让材料表现出中国水墨的独特效果，又适合幼儿操作，我们用黑色水彩蜡笔和水笔代替传统水墨画中的笔触效果，使线条既有孩子的稚拙，又有中国画的笔墨情趣。后面的涂色用水彩蜡笔和水笔，更是将中国画的韵味淋漓尽致地呈现了出来。由于涂色时不要求孩子均匀饱满，孩子将更多精力放在尝试水与色的交融，色与色的渗透渲染上。孩子们在自由地表达中、在潜移默化中感受了中国水墨画水色自然交融之美。

(三) 在综合活动中产生民族自豪感

“中国娃娃”以民间游戏为载体，在玩民间游戏、画民间游戏的过程中，体验民间游戏的丰富有趣，感受中国娃娃的服饰美，契合这个年龄阶段孩子的心理需要。孩子们会体会到做中国娃娃的自豪。活动开始用带有中国特色的儿歌导入，有趣自然，将幼儿带入到民间游戏的情境中，也从儿歌中初步了解了民间游戏的名称、玩法，进而引发幼儿课前玩民间游戏的已有经验，激发其画民间游戏的动机，为后面的学习做好了铺垫。

(四) 在具体形象学习中了解中国艺术

为了表现中国娃娃的发型丰富，有趣漂亮，教师引导孩子用实物想象归纳，然后启发他们用不同的数量、不同的位置进行任意组合，这样既可以表达中国娃娃发型的丰富特征，又让孩子自主创造。活动中孩子体会到中国人的智慧和想象。最后教师引导孩子添加盘扣、对襟衫、花边等，从细节处让孩子感受中国人独特的精巧和艺术感。“中国娃娃”从动态的玩开始引导幼儿进入一个由表及里全方位感受欣赏的表现环境中。在这个过程中，他们能真正体会中国人的热爱生活、富有智慧、充满艺术感，自然而然孕育出爱祖国的情感。

二、幼儿绘画教学以启发创造为核心

创造是绘画的主要特征，是以探索和求知为主的高级心理活动，幼儿的创造力往往来源于强烈的好奇心、浓厚的兴趣和丰富的想象力。幼儿还没有完全习得成人世界的各种规则与约束，其美术表达思路往往天马行空、极其开阔，他们的创造力常常隐含在那些成人眼中荒诞离奇、不“符合”实际的绘画作品中。教师在美术活动中，不能以成人的“标准”来衡量幼儿作品，要倾听幼儿对自己作品的解读，发现幼儿独特的想法，对幼儿表现出来的有创意的行为及时给予表扬和肯定。

教师要为幼儿的大胆创造创设表达表现的环境，特别是在传授方法时切忌一一对应、非此即彼，而应该在具体的情境中用举一反三的方法，让他们观察、思考、想象，用与别人不同的方法去创造。

“数字密码卡”看似没有创造的特点，但是我们在色彩之间也找到了创造的火花。在“数字密码卡”活动中，我们对现有色盲卡作了分析，发现色盲卡都是运用色彩的深浅（明暗）和颜色的差异（色相）形成分辨中的障碍。如果色差越明显就越容易分辨，反之难度就逐渐增加，怎样提出合乎配色规律又不失创造空间的活动设计，为幼儿开创一条“绿色通道”，就成了我们必须面对的首要问题。

我们联系幼儿已有经验，从最熟悉的三原色着手，以问题的情景为基础从以下三个方面展开，为幼儿自由选择色彩留下了空间。

（一）在分辨中发现配色

我们选取了马、蝴蝶、兔子、牛、数字 6 等色彩对比强烈的色盲卡和一张色彩接近的数字 3 色盲卡，让幼儿分辨，并提出“为什么数字 3 不容易找到”的问题，引导幼儿发现卡片上的咖啡色和大红色十分相近，从而得出颜色越是相近越是不容易分辨的规律。

（二）在思考中寻找配色

为排除颜色的干扰，我们聚焦三原色，创设情境，提出以红、黄、蓝三原色三个兄弟，要寻找橙、绿、紫三姐妹做朋友这一拟人化的方式，让幼儿逐一比照。首先发现绿色和蓝色最接近，进而发现红和紫、黄和橙的相近，这个问题解决了，接着，六个浅色（浅红、浅黄、浅蓝、浅橙、浅绿、浅紫），也就不在话下了。

此间，我们并没用运用三原色、三间色、相似色、对比色等抽象的色彩知识，而是引导幼儿从具体的辨色中通过自己发现，判断哪些颜色在一起容易分清或分不清，使幼儿在探索中有所发现，并对自制色盲卡兴趣倍增，跃跃欲试。

（三）在探索中创造配色

让每一位幼儿选取一个数字，运用四种不同颜色排列，看似创造空间不大，但是，幼儿在选取每一种颜色，点在每一个小点上时，都在思考颜色的位置和排列，通过改变密度、变化色彩，让数字藏得更隐秘，给了幼儿更为宽松的探索空间，增加了幼儿的创造机会。

（四）在破译密码中，加深体验

本次活动中，我们进行了破译数字密码的游戏，即利用幼儿自制的数字色盲卡，组成三张一组的密码，大家一起全力以赴地层层破译，最后打开保险盒发现内藏珍贵的中国宝物时，幼儿们攻克难关，识别密码，获得成功的体验就不言而喻了。

由此，制作更多各具特色的密码卡，进行破译，找到更为珍贵的宝物，又在幼儿之间热烈地展开。

三、幼儿绘画教育应以发展综合能力为基础

幼儿绘画是传递幼儿内心世界的最好媒介，它默默地陪伴着幼儿的成长，以最

简单、最直白的方式反映出幼儿的情绪与成长过程。幼儿可以通过绘画的非语言形式表达自我，可以无拘无束地自由创造，这是他们生活中其他活动所不能实现的。绘画活动可以开发幼儿手脑协调的能力。幼儿绘画活动也是艺术启蒙教育，他们对世界不准确的、粗略的表现，反映了他们的真实想法和内心世界。幼儿绘画教学是优化思维的过程，可以有效提高幼儿的观察力、记忆力、想象力，这些综合能力对于幼儿的未来发展是极为重要的。因此，幼儿绘画活动不仅仅是画画，更是一种综合的美育活动。

幼儿绘画活动有别于成人美术活动，更关注幼儿在活动中综合素养和综合能力的形成。所以吴老师在“拉拉绕绕”中发现了画画之外的东西。

（一）运用形象化的语言，激发幼儿的绘画兴趣

幼儿与成人的思维水平不同，教师在指导幼儿绘画时，应该要基于他们的年龄特点，适应幼儿的思维水平。比如在小班绘画活动“拉拉绕绕”中，成人眼里的一根毛线，因为可以拉一拉，绕一绕，孩子们就爱不释手，并给它取名为“拉拉绕绕”。有了“拉拉绕绕”的名字，孩子们与它的互动就更加富有趣味性。孩子们的思维特点是他们喜欢将心爱之物当作有生命的物体，像爱自己的朋友一样喜欢它，取一个名字，跟拉拉绕绕一起玩就如同和自己的好朋友在一起一样。我们在活动中也能够看得出，这样基于幼儿年龄特点和思维水平的绘画才是幼儿感兴趣的。

（二）用启发性的问题，开启他们的想象力之门

在幼儿绘画的教学过程中，教师要善于观察、思考，像一根火柴棒点燃、擦亮幼儿智慧的火花，通过启发性的问题来开启幼儿的心智之门。“拉拉绕绕”活动的导入部分，一个“这根毛线像什么”的问题就收获了孩子们的各种回答：像火车、像小蛇，绕起来像轮胎、像甜甜圈、像皮球、像太阳、像小花……围绕一根毛线的想象大门就这样打开了。这扇门打开后，就为幼儿的创作做好了铺垫。

教师要用启发性的问题，允许孩子说，还要接纳孩子的回答并给出回应，只有这样，才能让幼儿的思维更活跃。我以活动中幼儿对某一个问题的回答，采用两种回应方式给大家对比感受一下：在幼儿边创作边回答老师的提问“拉拉绕绕是什么”时，有小朋友指着树上的涂鸦说“拉拉绕绕是树叶”，老师的回应一：“真的呀，大树长出了树叶，你真厉害！”回应二：“大树说‘谢谢你，让我长出了树叶，我还想要有朋友到我树枝上来玩，你能帮帮我吗？’”这两种回应你们认为哪种回应才能推进幼儿的思维发展？第二种回应接住孩子抛来的球再抛还给孩子，才能让球越抛越高。

（三）用情景引导幼儿解决表现中的问题，提高他们手脑协调性

在幼儿的创作过程中，特别是年龄较小的孩子，都是先画再想，他们的涂鸦很多时候都是无意识的，面对创作的美术符号，还不能建立联系讲述自己的创作。此时就需要老师介入引导，用情景性的语言引导显得尤为重要。在《拉拉绕绕》的创作过程中，老师指着幼儿涂鸦的某个符号问：拉拉绕绕是什么？孩子看了看告诉老师：是蝴蝶结。老师回应：那么好看的蝴蝶结给谁戴？孩子就想到了小公主，再用老师提供的粘纸完成蝴蝶结的相关创作。这样的情景引导，既解决了幼儿将画面中的符号与实物建立联系的问题，又让幼儿感受到了画一画、想一想、再添一添等创作的乐趣，他们的手脑协调能力随之提高。

（四）通过适当的鼓励，提高幼儿的自信心

在绘画活动中教师要理解幼儿，并给予充分的鼓励。指导幼儿绘画的真正目的是培养幼儿具有健全的人格，而不是培养工匠型的画家。因此，即使幼儿画出的作品很粗浅，在成人的眼里不像什么，但只要他用心表达了，突出了自己的个性，那就是一幅成功的作品，就有它存在的价值。教师应该理解孩子内心的感悟，鼓励他、肯定他。一个孩子指着涂鸦的符号告诉老师：这是小兔子。老师立马肯定：真的呢，我看到了两只长耳朵，拉拉绕绕是小兔。老师的回应并不是简单的肯定，而是告诉孩子，你表现出了小兔的明显特征——长耳朵，所以能肯定它就是小兔。另一幼儿指着涂鸦的小花告诉老师：拉拉绕绕是小花。老师接着说：是的，没错。草地上开了小花，小草也有朋友了，太开心了。鼓励很重要，但鼓励不能敷衍，要落到实处，要让幼儿感受到教师真的看懂了我的画。幼儿感受到自己被肯定和鼓励的同时，创作热情也会提高，更愿意模仿教师去鼓励同伴的作品，从而使他们的审美能力得到提高。

有人说艺术可以塑造一个高贵的灵魂，因为美术是一种直观形象的视觉艺术，它优美的造型、丰富的色彩、精彩的布局，能深深打动幼儿。他们欣赏美术作品的过程，符合他们从感性到理性的认识规律，也契合幼儿身心发展的特点，因而它更能引起幼儿的兴趣，让幼儿在不知不觉中精神得到净化，道德得到升华。幼儿期是一个天真无邪、充满无限想象力的阶段，幼儿的大脑百分之五十在此期间发育完成。我们应尊重幼儿的心理特点，从其情感需求出发，创设宽松、自然、平等的教育环境，激发幼儿潜在的追求美的动机，引发他们无限的想象力、创造力，充分挖掘幼儿的艺术潜质，提高他们的思维品质。幼儿绘画教育功夫在画外，目标在未来！

活动
方案

拉拉绕绕(小班)

执教者：虹口区曲阳第二幼儿园　吴术燕

活动目标：

1. 初步尝试灵活转动笔的方向，表现各种不同的线条。

2. 联系花园情景，大胆想象并乐于为自己的图像命名。

活动准备：

教师：视频、展示背景、毛线一小段。

幼儿：画有大树的画纸、彩色水笔、动植物、人物贴纸若干。

活动过程：

一、导入：介绍拉拉绕绕

(出示一根毛线。)

1. 这是什么？它可以用来做什么？(你们衣服上有吗？)

小结：一根毛线拉拉长像什么？(像小路、蛇、火车、绳子等。)绕绕圆像什么？(皮球、太阳、花朵、轮胎、甜甜圈等。)

2. 毛线说，你们都有好听的名字，我也想有一个名字。可以拉拉、绕绕的线，我们叫它什么？(幼儿回答。)

我们就叫它：拉拉绕绕。(让幼儿重复一遍。)

注：1. 说到绕绕圆时鼓励幼儿用动作一起表现。

2. 小结时教师要根据幼儿随机的反应作出回应，例如当幼儿看到毛线就说像火车，老师应该马上回应：拉拉长像火车。

二、观看视频：《拉拉绕绕》

1. 拉拉绕绕要出去玩了，它会去哪里玩呢？（播放视频第一段）拉拉绕绕到树上一绕——就长出了（树叶）。拉拉绕绕在地上一绕，草地上就长出了——（小草）。

注：幼儿在回答绕成什么时，可能会说出视频中没有的形象，教师也要及时肯定。例如幼儿说拉拉绕绕在树上一绕，绕成小鸟。

2. 拉拉绕绕还想玩，它又去了哪里呢？（播放视频第二段）拉拉绕绕到天上去了，拉拉绕绕是太阳，拉拉绕绕是云朵。

三、创作表现：拉拉绕绕玩一玩

1. （观察创作场景）这是一座花园，花园里有一片草地和一棵光秃秃的树。拉拉绕绕快来呀，快来跟我们玩。我们带着拉拉绕绕去花园里玩，找一支水彩笔，在树枝上拉一拉绕一绕，在地上拉一拉绕一绕，还可以到天上拉一拉绕一绕，拉拉绕绕可以做的事情可真多啊！拉拉绕绕到树上一绕，树叶长出来了，树说："谢谢你，谢谢你！"拉拉绕绕来到了草地上……它找到很多好朋友一起玩。

2. 幼儿创作，教师个别引导。

注：幼儿选好第一支笔后，教师就将每组的笔筒收走，拿在自己手里随时准备给幼儿换笔，关注幼儿画的拉拉绕绕的图像，有意识、有目的地给幼儿换笔。

（1）拉拉绕绕转过来转过去，一会儿在这里，一会儿在那里，一会儿在天上，一会儿在地上。（观察幼儿在画纸的不同空间拉拉绕绕，及时介绍。）

（2）拉一拉绕一绕，拉拉绕绕是什么？（引导幼儿为自己的图像命名，命名后教师立即将命名介绍给周边的幼儿，也可适当提出建议。）

（3）还可以请小贴纸也来一起拉拉绕绕。贴纸说："请和我一起拉拉绕绕好吗？"或贴纸小鸟说："请和我一起拉拉绕绕个鸟窝好吗？"或小兔说："要下雨了，请帮我拉拉绕绕一把伞好吗？"或"花朵想让拉拉绕绕做什么呢？"等等。（此处教师发贴纸时，在鼓励幼儿对贴纸进行想象添画拉拉绕绕的同时，再次给幼儿换笔，使颜色与想象添加的形象更接近、更富有情境性，同时也让画面的色彩更丰富美观。）

四、分享交流：拉拉绕绕是什么？

幼儿张贴作品时：拉拉绕绕真高兴，今天绕的朋友真不少，我们一起来看一看。

1. 集体交流：拉拉绕绕来到大树上，大树上有没有？它是大树的什么？（幼儿观察自己的作品寻找，依次寻找小草、太阳、云朵，该环节根据实际情况可做删减。）

2. 重点分享：老师指着作品中的新图像，问拉拉绕绕是什么？让幼儿集体观察说名字，再请作品的小主人公布答案，并请其用“拉拉绕绕是什么”的完整语言表述，集体再跟说一次。

活动结束：拉拉绕绕帮我们找到好多新朋友，回家再和拉拉绕绕一起玩。

中国娃娃(大班)

执教者：黄浦区好小囡幼儿园　顾婷婷

活动目标：

1. 把握中国娃娃的主要特征，乐意参与民间游戏，为自己是中国人而感到自豪。

2. 尝试使用软头水笔(替代毛笔)、宣纸等工具材料作画。

活动准备：

1. 欣赏材料：民间游戏中的中国娃娃、游戏道具、中国特色展板。

2. 正方形宣纸固定在铅画纸上，炫彩棒、软头水笔、宣纸、印章等。

活动过程：

一、利用儿歌——启发幼儿乐于参与民间游戏

导入：小朋友看看画面上是什么？我们一起跟着视频来念一念好吗？

1. 伴随视屏一起念儿歌。

儿歌：黑眼睛，黄皮肤，黑头发，我们是快乐的中国娃娃。
你穿对襟袄，我系对襟扣，你梳桃子头，我扎小髻髻。
锣鼓敲起来，喇叭吹起来，秧歌扭起来，狮子舞起来，
龙灯挑起来，旱船跑起来，毽子踢起来，空竹抖起来，
高跷踩起来，咪里妈拉咚咚锵，恭喜恭喜！发财发财！

2. 强调特别的模样：儿歌里面的中国娃娃是什么模样的？“××梳了麻花辫，你梳什么发型。”“童花头真好看，有没有朋友很喜欢马尾辫。”“××剃了一个桃子头，谁来再剃两个桃子头。”

3. 强调特别的服饰：利用儿歌的内容以及中国娃娃的图示，强调对襟袄、对襟扣、肚兜等具有中国特色的服饰。

4. 强调特别喜欢玩的民间游戏：儿歌里面有很多好玩的游戏，这些游戏有的你们玩过，有的你们没有玩过，找一找哪些是玩过的，哪些是没有玩过的？除了儿歌里的民间游戏，你们还玩过哪些其他的游戏？我们一起来分享一下好吗？(跳房子、滚铁圈等。)

5. 介绍工具和使用方法：在观察宣纸和毛笔后，增加观察新工具。没有墨汁怎么办？(黑色蜡笔来帮忙。)没有彩色颜料怎么办？(彩色蜡笔来帮忙。)毛笔在哪里？(毛笔挤出水来涂一涂，蜡笔画变成毛笔画。)

二、观看视频——强调中国娃娃的特征

师：既然你们都很喜欢这些游戏，那么我们一起来把它们画下来，再介绍给不知道的朋友好吗？怎么画呢？我们来看一看视频里的小朋友是怎么画的？

导入视频：从节目表演中选择一位小朋友，在宣纸上画出表演的动作，用上中国娃娃特有的发型和装扮。

1. 首先画出中国娃娃特有的模样。

2. 其次画出中国娃娃特殊的服饰。

3. 最后画出中国娃娃最喜欢的游戏。

三、操作表现——展现自己最感兴趣的中国娃娃

1. 画游戏情境时鼓励幼儿表现更多玩的方法："我们会滚铁环，还会玩什么？""会滚铁环、踩高跷，还会玩什么？""已经玩了五种游戏，还有没有第六种？""这里的小朋友梳着麻花辫，我来看看有没有小朋友梳羊角辫的？""我看到有的小朋友玩了踢毽子，我再看看有没有滚铁环的？"

2. 涂毛笔时，配上"不是蜡笔画，毛笔快上场""涂得快和慢，哪个更好看""蜡笔画统统都变成毛笔画，就看你的本领大不大"等鼓励的话语。

3. 最后请小朋友敲上具有中国特色的"中国娃"印章。

四、分享交流——引发身为中国人而感到自豪的情感

1. 将自己的中国娃娃按不同的游戏内容展示出来，民间游戏这么多，我们一起来看看分别有哪些？再一起说说这些游戏的名称。

2. 我们一起来数一数今天小朋友们画了哪些游戏，哪些游戏是最受欢迎的？

3. 还有其他我们玩过但是没画出来的游戏，可以回去分享给其他的小朋友。

小结：身为中国人，我们可以将这些好玩又有趣的游戏分享给身边的人，把具有中国特色的民间游戏和传统的民俗文化传承下去。

幼儿作品赏析

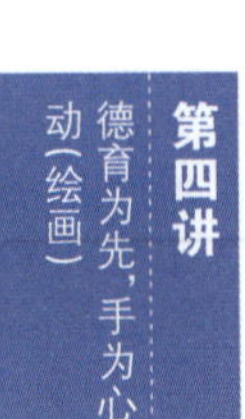
第四讲
德育为先，手为心
动（绘画）

数字密码卡(大班)

执教者：青浦区崧润幼儿园　孙韵洁

活动目标：

1. 尝试选择相似的颜色制作数字密码卡，感受色彩的细微变化。

2. 在寻找密码卡的游戏中，体验敏锐辨色的快乐。

活动准备：

1. 物质准备：

0—9 的数字模板、橡皮、铅笔、贴纸(红色、土黄、蓝色、紫罗兰色、绿色、桔黄)、印泥(浅红、浅紫罗兰、浅蓝、浅绿、浅黄、浅橘)、毛巾；

动物图案的色盲卡(欣赏素材)；

提供一本可翻阅的台历，同时在四张桌子上呈现红色系、黄色系、蓝色系材料。

2. 幼儿经验：在医院游戏中积累“色盲卡”的相关经验(马、蝴蝶、兔子、牛、数字 6、数字 3)；事先布置好展板。

活动过程：

一、再现经验，引发对色盲卡的讨论

1. 欣赏若干色盲卡。

(1) 逐一看各是什么？

(2) 哪个色卡最不容易看清楚？

2. 重点分析数字 3。

(1) 思考不容易找到的原因(数字里外的颜色看上去差不多)。

(2) 分辨数字里外的颜色(大红色和粉红色，深咖啡色和淡咖啡色)。

(3) 发现大红色和咖啡色都带有点红色，只有眼睛尖的人才能看得清楚。

二、探索尝试——把数字藏在卡片里，做成数字密码卡，试一下我们的眼力能不能一眼看出来。

1. 红、黄、蓝三兄弟来做数字密码卡（分辨大红、土黄和深蓝）。

2. 紫罗兰、桔黄和绿色三姐妹来参加，与红黄蓝比较，哪个颜色放在一起差不多？

3. 找出红色和紫罗兰手拉手，土黄和桔黄、绿色和蓝色手拉手做好朋友。

4. 淡色也来参加：分别找对应的深色，组成三个四色小队。

三、了解制作步骤，创造表现

1. 了解制作步骤：(1)选数字；(2)在数字里外各选一个深色，分别用贴纸粘贴；(3)在数字里外用橡皮铅笔点画对应的浅色。

2. 确定所选的数字。

3. 确定数字里外不同的颜色，并进行粘贴，思考粘贴的多与少。

4. 选择对应的浅色点画。

四、分享交流，识别数字密码卡

1. 将幼儿制作的数字密码卡按颜色摆放成三组。

2. 翻阅卡片，幼儿报出密码，打开三层宝箱，解锁宝物。

3. 密码可能一直一样吗？在我们的生活中还有很多的密码，可能更长，更难解。今天的密码只有 3 种颜色，是不是还能有更多呢？我们再去试一试，制作更多的数字密码卡。

教研纪实

悉心播种，静待花开

——“数字密码卡”教研有感

青浦区崧润幼儿园　孙韵洁

在“手为心动”的系列活动中，我们习得了 15 个诀窍，每一个都精简、好用，值得细细思量后反复品味其中滋味，其间我有幸深度参与了“数字密码卡”活动的设计与执教，从初步构想——集体构思——导师指导——执教反思，几经点拨，几易其稿，在抽丝剥茧中，经历了一次次千头万绪后终于渐渐明朗的体验，经历多少次的反思和调整，才能稍显清晰，深感一次活动、一个讲座背后所耗费的心力，但正是这一系列执着的艰苦思考与实践，才有反思后的突破。

作为“数字密码卡”的执教者，我曾经一度困扰于这一活动的创造在哪里，如何体现创造。是诀窍中的一句话“创造是一个小小的点、互相连接的线、多元的面”让我茅塞顿开。原来创造就像一颗小小的种子始终存在，创造只有多与少，并无有或没有。关键在于教师必须具备敏锐的洞察力，时时刻刻悉心关注孩子创造的方方面面。

一、创造是一个小小的点，及时捕捉创造的火花

幼儿创造的火花时常一闪而过，关键在于教师是否能及时捕捉，发现创造的种子，创设良好的条件，让它破土而出。

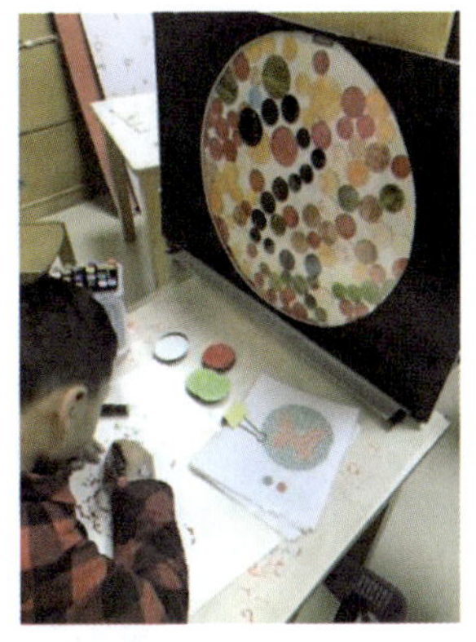

“数字密码卡”的题材源自活动区中现成的色盲卡，幼儿在活动区中通过识色盲卡来检验自己的辨色能力，又通过看色盲卡，尝试自己摆各色卡片，对色盲卡，幼儿有很多感性的认识和体验。但是现成的色盲卡为数有限，幼儿看上一二遍无需识别即能记背，玩色盲卡的兴趣也渐渐淡化。我们设想发动幼儿自制色盲卡，保持识别色盲卡的兴趣，得到幼儿的热烈响应，由此我们创设各种条件，给予幼儿有力的支持，及时开展自制“数字密码卡”活动，使这颗小小的种子茁壮成长。

初看色盲卡只是由许许多多的小点组成，似乎不难制作。细细分析，点的颜色有深有浅，有对比有调和，又通过变幻莫测的排列、组合、搭配，显示在色盲卡上的图案有的一眼就能认出，有的需要细细分辨。如果沿用现成的色盲卡让幼儿制作，可能会因能力有限让幼儿却步。我们想：种子不能在萌芽后夭折。种子需要阳光雨露，需要精心培育，只有好好守护和保护，种子才能茁壮成长。为此，在活动之

前，我对幼儿辨色能力进行了观察分析，发现他们选色的能力优于配色，在配色时大都跟着感觉走，并没有清晰的意识。尤其在色彩较多的时候，更难以判断。于是我们确定降低配色难度，以三原色和三间色的色相对比为主，辅以深浅对比，通过先选色再配色，构成四色小队，由幼儿自主站队，选色彩，选数字，以自己的方式边操作边思考，开启用配色隐藏数字法的大门。

二、不断寻找创造的线索，连绵不断

在活动中，要使幼儿充分发挥创造才能，做到既不刻板规定，也不放任自流，教师需要悉心关注幼儿怎样选择点子色彩，怎样排列点子，点子分布的多与少，不断发现幼儿的创造，并且以幼儿兴趣点为线索，在探索"数字密码卡"中层层递进，寻找幼儿的点滴创造表现。也就是使创造成为一根悠长的线，因势利导地发掘其中可能进一步创造的线索，引发更多的创造表现。为此我把视线从关注孩子的点滴出发，适时给出线索积极推动。

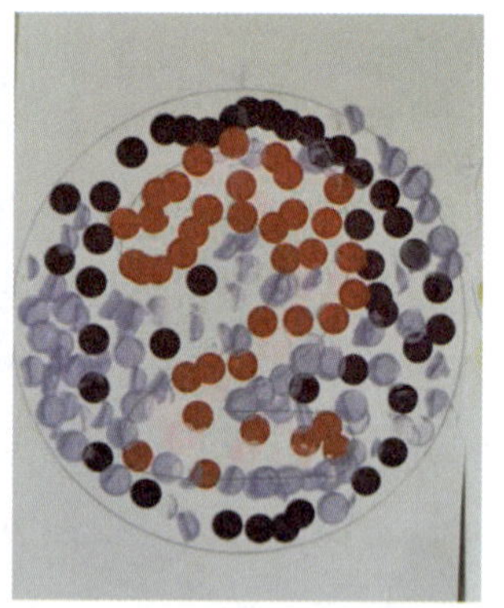

例如：一位幼儿把颜色点点贴在数字轮廓线上，使轮廓不明显，我立刻引导其再观察："点点贴在哪里可以把数字轮廓藏得更隐秘，有没有发现这里有一个诀窍。"使幼儿有兴趣进一步发现同色点子要分开的诀窍，尝试用各种办法将轮廓线藏起来……

又如：我看到有位幼儿贴一贴，放远一点看一看，然后再贴，如此重复，就立刻启发其他幼儿关注这一动作并思考："为什么要做远看动作，其中又有什么诀窍呢？"幼儿也都开始尝试，发现放得远更容易找到整体效果，做出判断。看着幼儿一个个煞有介事地将密码卡放远观察，我禁不住连声称赞："说不定你们都会成为密码大师哦！"

幼儿在制作中也会发生一些预料不到的问题，我看见了不会直接指出，而是给出线索，启发其继续探索，使幼儿有机会自己找到解决办法。

例如：一位幼儿把同色点子贴得过密，使数字轮廓十分清晰，我提示他说："这样好像很容易就被大家发现数字了。"孩子放远一看说："点子和点子挤在一起了。"我又说："有什么办法改一下，让线条藏起来呢？"只见他赶紧把沿轮廓的点子拿走几个，贴到空白处，立刻解决了问题。

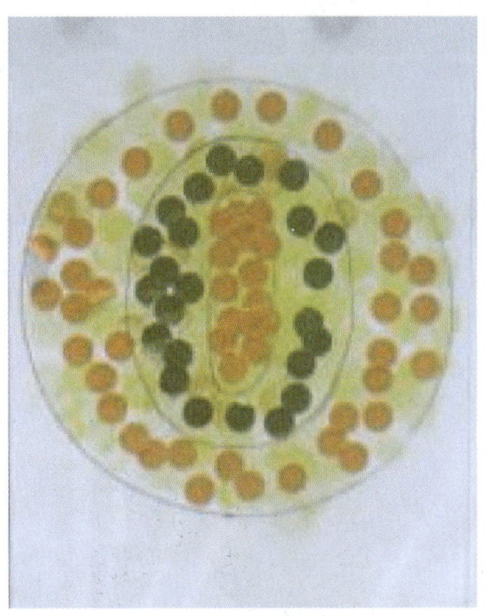

还有一位幼儿忽略了数字 0 圈里的空白，在空白处贴上了和数字轮廓一样颜色的点子，我见了说："0 是个圈，现在圆圈成了圆点，哪里出错了？"她仔细看了看，发现看不到数字 0 了，想了又想，结果在圈里换了另一种颜色的点子，又使圆圈看得清了。

把握了这两个教学诀窍，我在潜心观察，静待花开。我的内心是平静的，不再为幼儿出错慌张，也不纠结于作品的成果，我期待孩子创造的硕果，又不忘关注点点滴滴的创造，使之渐渐连成一根根悠长的线……如此静待着幼儿的创造表现层出不穷。

三、创造是一个多元的面，开花又结果

制作数字密码卡只是手段，幼儿的创造应该落到实处。最初制作数字密码卡的目的是为了考验幼儿各自的眼力，但本次活动我们思考的是能不能使抽象的密码卡和幼儿的生活联系起来，和幼儿对周围世界的认识联系起来，发挥更大的作用。经过讨论，我们设计了“破译数字密码卡”的游戏：将某一物品藏在三个套盒中最小的一个盒子里，又利用旧台历制作了三个密码卡一排的卡座，引导幼儿将自制密码卡挂在上面，按钥匙上的数字提示，逐一翻出对应的密码，然后一层层地打开套盒，找出藏在最里层的宝物。

由于0到10的数字排列千变万化，这就给三个数字的密码带来很多的变化，由于谁都不知道套盒中的宝物究竟是什么，每一次的悬念都深深地吸引着幼儿，也给我们提供了许多教育契机。

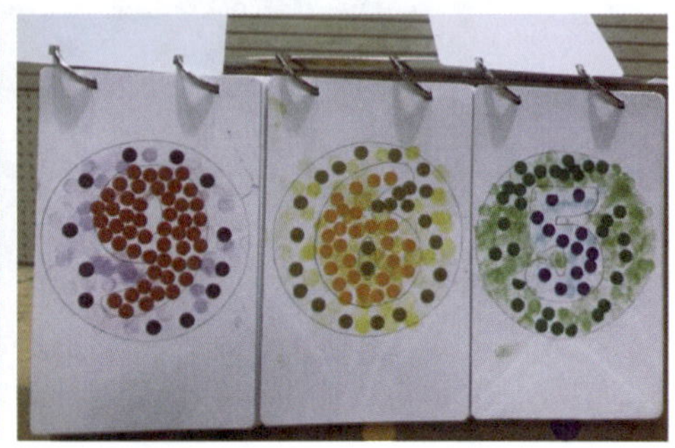

幼儿最初制作的密码卡因数量有限时常不能解锁，这给幼儿共同制作更多的密码卡创造了有利条件，其间幼儿创造更为隐秘的数字密码也越来越得心应手。

第一次我们将两个惠山泥人藏在小套盒里，在幼儿一层层终于打开宝盒时，给他们带来了很大的惊喜，引发了对中国惠山泥人的无比热情。从自制密码卡到寻

找宝物到再次自制密码卡，由教师提供宝物到师生共同提供宝物，提升了幼儿更为广阔的探索发现的兴趣。

无论在制作数字密码卡还是寻找宝物时，幼儿在内容和方法上都有无限宽广的探索空间，能显现自己的创造才能。那颗埋下的小小创造种子在大家精心的培育下，生根发芽，茁壮成长，开花结果，硕果累累！我也在活动过程中和老师们、小朋友们共同成长。

第五讲

以美育德，多元整合

导语

春风化雨润物无声

——以美育德，多元整合，落实美术教育育人价值

林建华　韩兴珏　李超杰　吴玉婷

一、立德树人是新时代教育的根本任务

习总书记在十九大报告中提出：青年一代要有理想、有本领、有担当。“有理想、有本领、有担当”这九个字凸显了立德树人是教育的首要任务。所谓“德”指的就是价值观。中国的“德”中间有一个“目”字，下面是一个“心”字，左边代表行走，最上面的一横一撇代表正。“目”字代表有理想，看得远；行走代表有本领，去行动；“心”字代表有担当，心怀祖国。青年一代如果有理想、有本领、有担当，那我们的国家就有前途，民族就有希望！

幼儿园教育是基础教育的重要组成部分，是终身教育的奠基阶段。因此，学前教育工作者应以“立德树人”为价值导向对幼儿个体习性、人格品质、社会责任与担当精神进行培养，改变“只教不育”的错误做法，将“德育为先”的教育思想落实到幼儿的一日活动之中，以达成我们的课程目标：培养幼儿成为“健康活泼、好奇探究、文明乐群、亲近自然、爱护环境、勇敢自信、有初步责任感的儿童”。

二、以美养德，以美育人，是幼儿美术教育之魂

“以美养德，以美育人”并非顺应当前形势对美术教育提出的“新”要求，而是在长期的美术教育过程中教师因过分追求形式美，弱化了美术教育特有的育人功能，比如画花不爱花、画鸟不爱鸟、画人不尊重人等，忽视幼儿在活动过程中的情感体验。因此，顺应当前教育形势，我们有必要用“德育为先”的教育思想重新审视幼儿美术教育的功能和价值，发挥美术教育特有的情感教育功能，将“以美养德，以美育人”作为幼儿美术教育之魂，促进幼儿健全人格的形成。

三、有机整合，以美育德，落实育人价值的操作路径

幼儿是从自然人向社会人过渡的生命体，幼儿阶段的学习与发展具有整体性。以“德育为先”的幼儿美术教育如何从幼儿学习与发展的整体性出发，打破领域的边界，将德育与美术教育横向融合又协同发展，以落实美术教育的育人价值呢？近几年李慰宜老师带领着爱上课俱乐部成员就具体操作路径开展相关研究，在此与大家共同分享研究的收获和感悟。

（一）目标整合，把握育人价值的精准定位

当前，幼儿美术教育在活动目标设计上存在的主要问题有：一是将目标聚焦在形式美的达成，忽略心灵美的塑造。即只关注美术技能的学习掌握，追求作品即时效果。二是情感目标设计假、大、空，形同虚设。例如，体验帮助×××的快乐，发展幼儿的想象力和创造性，激发幼儿爱家乡的情感等。

因此要凸显美术教育的育人价值，情感目标的设计一定要做到“精准”：精，表述精炼；准，指向明确。特定内容要有特定的育人价值取向。以下列举四个案例。

实 例

“小灯笼亮起来”活动目标：

1. 打消幼儿害怕黑暗的心理，发现影子非但不可怕而且很有趣。

2 尝试着剪各种动物的轮廓并添画特征，再现影子中的图像。

【目标解析】在黑暗中那些平时看得真切的事物总会在人们的心理产生一种莫名的恐惧，成人如此，幼儿更是如此。活动意图是让幼儿在故事情境中通过“变一变”“剪一剪”“玩一玩”和影子来个亲密接触，育人的目标在于让孩子正视影子，发现影子不是怪物，并不可怕，并在剪和玩的过程中体会到影子的有趣，从内心消除幼儿对黑暗的恐惧，勇敢面对黑暗。由对阴影的恐惧变成对黑暗影子的奇妙探索。（课程目标——好奇探究、勇敢自信。）

实 例

“自制儿童视力表”活动目标：

1. 建立主动保护眼睛的意识，养成科学用眼的良好习惯。

2 尝试按照纸的大小，运用重叠剪纸的办法剪出简单的图像，制作儿童视力检查表。

【目标解析】中国近视低龄化现象越来越普遍，造成近视低龄化现象的大部分原因是没有养成科学用眼的好习惯，在家庭中成人也没有及时控制和干预，使之成为一种社会现象，并"愈演愈烈"。2018 年 8 月，教育部、国家卫健委提出的《综合防控儿童青少年近视实施方案（征求意见稿）》中指出：到 2030 年，实现全国儿童青少年新发近视率明显下降，儿童青少年视力健康整体水平显著提升。从这个视角来看"自制儿童视力表"活动，其蕴含的育人价值是建立主动保护眼睛的意识，让每个幼儿拥有一双健康明亮的眼睛，这关系到幼儿一生的幸福。从意识建立到行为改变直至习惯培养，皆由美术活动营造的情景体验催生幼儿的积极行为。（课程目标——健康活泼、有责任。）

实 例

"飞向太空"活动目标：

1. 体验实现"飞天梦想"的欣喜，为中国航天科学家的伟大成就感到自豪。

2 运用滤色的方法模拟卫星发射，探索发现不同色彩之间的关系。

【目标解析】此活动与中国航天事业的飞速发展息息相关。近年来，长征运载火箭系列、天宫空间站系列以及神舟载人飞船系列的成功研发，预示着中国航天事业跻身于世界领先地位。2020 年，中国计划初步完成空间站建设，标志中国载人航天进入应用发展新阶段，这是值得每一个中国人骄傲和自豪的事情。"飞向太空"作为"了不起的中国人"主题下的活动，将卫星发射转化为活动中的科学情境，引导幼儿运用滤色的方法模拟卫星发射，探索发现不同色彩之间的关系。在活动前、活动中及活动后，航天科学家的小故事激励着幼儿不怕困难，勇于尝试，不怕失败，成就自己的"飞天梦想"，在探索让卫星升空的试验中，幼儿对中国航天科学家的敬佩之情油然而生。（课程目标——好奇探究、勇敢自信。）

实 例

"拯救白犀牛"活动目标：

1. 关注动物的生存，乐于主动参与拯救白犀牛，体会人与动物是朋友的情感。

2 运用折纸基本方法，对照犀牛特征，把握折叠的步骤。

【目标解析】白犀牛是濒临灭绝的动物，保护白犀牛已经成为全球性的行动。设计“拯救白犀牛”这个活动的育人价值在于引发幼儿对白犀牛生存的关注，激发幼儿主动参与拯救白犀牛的活动，唤起幼儿内心珍爱动物、保护动物的情感，让幼儿明白人和动物友好相处是大自然平衡的前提。育人价值通过活动环节自然落实，幼儿带着情感折叠白犀牛，指尖的每个动作都是体现要像科学家那样不畏艰难保护白犀牛的决心。（课程目标——亲近自然、爱护环境。）

（二）过程整合，体现育人价值的潜移默化

有了情感目标，幼儿美术活动就能体现育人价值了吗？回答是：否。在日常美术活动中我们经常可以看到，将“德育为先”视作选材依据和开始部分的情景渲染，忽视美术创作全过程中德育思想的步步深入，尤其共同讨论和创作环节是情感目标极易流失的地方。我们通过两个实例来具体分析如何在活动过程中整合德育为先的育人思想。

工作坊研讨实录：“自制儿童视力表”活动情感目标的探索实践

【主持人】：今天我们看了李老师执教的“自制儿童视力表”，在活动中李老师出示了一张成人视力表。对于成人视力表，通常很多老师的做法是向幼儿讲解不同大小的E和视力的情况。教师会告诉幼儿：1.5表示视力好，1.0下面就是近视了等。其实这些抽象的数字对幼儿来说没有实际的意义，也无法唤起幼儿保护眼睛的意识。请李老师介绍一下你是如何从幼儿的认知特点和生活经验出发和幼儿一起解读这张视力表的呢？

李超杰：标准的视力表都由大小不同、方向不同的许多E组成。从上到下每一栏的E会越来越小，同一大小不同方向的E组合成一栏，每一栏对应的视力情况与数值都不相同。如果把每一栏都向幼儿介绍，不符合幼儿年龄特点，也不合理。于是我思考根据幼儿的理解能力对视力表进行取舍，选择最典型的三个数值向幼儿介绍，并在视力表旁用红、黄、绿三色进行了标注。在解读过程中，我也没有忘记将视力情况与幼儿的生活经验相联系，将唤起幼儿主动保护眼睛的意识贯穿其中。如红色处是视力为0.1：这是视力表中最大的E，每个小朋友都能看清楚。如果这行看不清，说明视力已经很糟糕了，和盲人差不多了，这个时候我们需要请眼科医生为我们矫正视力。黄色处视力为1.0：能看清这一行的小朋友说明你的眼睛还可以，但要注意保护。如果不注意保护，很容易变成近视眼了。绿色处是视力为1.5：

能看出这一行，说明目前的视力很不错。如果你能一直保持看清这行字，长大以后你就可能实现做医生、解放军或者是宇航员的梦想了。

【主持人】：这样形象地解读使幼儿对视力表有了直观的认识，容易帮助幼儿意识到拥有一双健康眼睛的重要性，唤起主动保护眼睛的意识。在美术活动中，教师感到最困难的就是和幼儿讨论表现方法。自制儿童视力表为什么不用绘画的办法来制作而是用折叠剪纸的方法？这个表现方法和在过程中落实德育为先的思想有什么关联呢？

李超杰：手为心动，方法为动机服务，以达成育人目标。在设计活动之初，我们就从活动动机出发，思考用何种美术表现方式来进行更适合幼儿，更易于幼儿的表现，而不是让美术表现方式成为阻碍幼儿达成目标的因素。就制作儿童视力表而言，如果我们用绘画的方式来表现，就会为幼儿增添许多困难，幼儿的活动动机就会随着活动的进程而逐渐消失：困难 1：画得多、费时间。一张儿童视力表，分为三栏，每一栏需要四个方向，每个孩子就需要画 12 个图案，内容太多会给幼儿造成困难，还浪费了时间；困难 2：大小不同。视力表中的每一栏要求大小相同，用绘画的方式幼儿很难把握每个图案的大小，更不可能做到每一栏图案大小相同。

但用剪纸的方式来表现视力表中的图案，情况就不同了。优势 1：剪三次、省时间。我们利用重叠剪纸的方法，只需要剪三次就能制作一张完整的儿童视力表。优势 2：相同大小。利用重叠剪纸，一下子就能剪出大小、形状完全相同的四个图案，让幼儿的注意力可以集中在不同方向的摆放。正是通过比较了绘画和重叠剪纸在此次活动中的优劣，活动中我们选取了后者，为幼儿达成制作视力表的动机排除了不必要的困难，让表现方式为活动动机服务。

确定用“重叠剪纸”的表现方式后，在实际操作中选取的素材，投放的材料，语言的引导更需要我们细致地思考，以帮助孩子达成目标，推动动机。在选取图案的时候，考虑到幼儿是初次接触整体剪纸，选取只有一个明显特征的图案，便于幼儿把握整体剪纸。在材料投放中，根据视力表的三栏大小为幼儿提供了三种大小的手工纸，只要用“沿边剪”的方法，就能剪出相应大小的图案。在实际操作中，发现有的孩子没能沿边剪纸，图案剪小了。我会问孩子：“如何才不会把图案剪小呢?”引导幼儿去思考剪小的原因。原来在剪的时候，当剪刀快要碰到纸边时再转弯，这样就能沿着纸边剪纸，不会把图案剪小了。“沿边剪”其实十分考验眼和手的本领，要做出一张合格的视力表，我们在制作的时候就要做到眼到、手到、心到。在检查图案方向时，也启发幼儿自己思考：我的视力表能检查视力吗？视力表中图案的方向有重复或者遗漏吗？当看到朝上的图案时，找一找有没有朝下的图案，有了朝右的图案时，找一找有没有朝左的图案，帮助幼儿有逻辑性地检验四个方位，引发幼儿地有目的地观察检验。让活动动机始终体现在操作过程中。

工作坊研讨实录：“我的自画像”活动中的育人目标实施

【主持人】：手为心动，方法为动机服务最终达成育人目标。“我的自画像”的活动同样也说明了这个问题。“我的自画像”是幼儿园大班都会进行的活动。通常在开展这个活动时，教师重点关注幼儿如何表现脸部的主要特征和细节，并通过绘画自画像感受自己的与众不同。这仅仅是一种外在的、停留在表现个体外部特征上的活动。而今天的活动在目标制定与表现方式上似乎都与以往的活动不同，请韩老师说说今天的活动设计对育人目标的达成有何积极的意义？

韩老师：大家可以看到今天的活动是把自画像里面的故事和自画像结合起来，故事伴随着画。我们想通过这个活动，让孩子们手里的动作和心里的想法融为一体，手为心动。因此，我们注重情感情绪的表现，试图通过心情故事反映孩子们的自我认识和内心想法，通过画自画像介绍自己，在边画边讲的过程中画出那个有精彩故事的自己。

为了让孩子们能手为心动，我们把幼儿绘画过程分成三个阶段，每个阶段都有一个原则，就是“边讲边画”。画自己外形的时候，要确定今天讲的是

什么故事；在涂颜色的时候展开说说这个故事；到最后画五官画表情的时候，要说："谢谢大家，我的故事讲完了，希望你们喜欢。"讲什么画什么，画什么讲什么。这次的自画像就是要通过孩子边画边讲，说出心里的故事，说出对自我的认识，对自己情感的解读，打破只注意画面的表面而忽略画面内容的真实感受的旧框框。

在这个自画像中，每个孩子讲的故事是不一样的，情节也是不同的。老师在这一过程中是倾听者、助推者。记得在试教时，有一个小男孩一边画一边说："我不高兴，我跟哥哥打羽毛球，打到后来哥哥'砰'地一下，把我打败了。我输了，我不高兴。"我就问他："那你不高兴会怎么样呢?""我就再也不打羽毛球了。""再也不打了？那你就输定咯。你是不是可以不认输不怕输，继续再打呢？如果你怕输，那你永远都输了!"男孩想想说："那我还要继续和哥哥打。"这就是在自画像背后老师和孩子间的交流。

还有一个小朋友边画边说："我今天不高兴。"画上的他就在哭。"为什么不高兴?""妈妈说今天要带我出去玩，结果她说话不算数，她说要去加班，我没有玩，所以我哭了。"老师就问："妈妈真的加班了吗?""真的!""那么就是说她单位里有事情，单位里有事情重要还是你玩重要呢?"孩子开始思考……教师在孩子身后肯定他们的快乐，了解他们的忧愁，更可以借此机会让幼儿的社会性情感得到升华，因此这个自画像活动不仅是绘画活动，更是以德育为先，潜移默化地体现育人价值的活动。

【主持人】：是的，因为手为心动，才能让每个幼儿都拥有了与众不同的自画像故事。这些生动的故事有助于教师走进幼儿内心，深入了解幼儿。如果幼儿表现的故事是积极的，可以分享给同伴相互学习；如果是负面的、有问题的，教师可以及时捕捉典型问题，引发讨论，寻找积极面对问题的好方法，教孩子做一个积极向上、快乐健康、充满阳光的人。

“我的自画像”和“自制儿童视力表”两个活动案例都想说明一个问题，要实现美术活动以美育德、立德树人的育人价值，必须将育人目标化作情境性语言贯穿活动始终。同时要考虑设计合适的表现方法催生幼儿的创作动机，在情境中手为心动，使幼儿自然感化。

（三）领域整合，凸显育人价值的交融渗透

幼儿教育具有综合性、整合性和活动性的特点。但是在日常美术教育中，存在的问题是把幼儿美术教育局限在美术集体活动范畴，忽视不同领域之间、不同组织形式之间的整合。

那么，如何打破领域的边界，注重领域间、幼儿一日活动之间的相互融合，使育人目标达成的广度得以拓宽？“飞向太空”给我们做了很好的演绎，其背后凝聚着前期团队成员对科学和艺术两个领域有机结合的探索和思考。

科学是用“理性方式”把握世界，而艺术则用“审美方式”把握世界。然而，这两者的区别并不意味着科学和艺术之间的界限不可逾越。事实上，科学和艺术是相通的，它们具有共同的基础——人类的创造。无论是科学成果还是艺术作品都是人类智慧和创造的结晶。

“飞向太空”活动，内容涉及科学和艺术两个领域，我们团队尝试打通个别化学习和集体活动的连接通道，实现科学与艺术的整合交融，让科学领域的探索和发现，为美术领域的表达表现提供鲜活的素材。

1. 打通个别学习和集体活动的连接通道，实现科学与艺术的整合交融。

借助个别化学习引发幼儿科学探索和发现的兴趣。

我们首先在科学活动区创设情景“手机 APP 连连看”游戏，APP 的出现激发了孩子们对“手机信号”这一看不到摸不着的事物的兴趣，从而引发了一连串的好奇和探索：“快递员是怎么知道我需要外卖的呢？”“手机又是怎么知道明天天气情况的呢？”（关于“信号”来源的探索。）“信号是靠什么传播的呢？”“天气预报是什么发出的信号呢？”（关于卫星的探索。）“发射手机信号的卫星和报告天气预报的卫星是同一台卫星吗？”（关于卫星功能的探索。）“卫星又是怎么到宇宙中去的呢？”（关于卫星升空的探索。）

孩子们的兴趣从对手机的好奇转向了对卫星以及卫星升空的好奇，纷纷开始收集关于航天知识的资料。刚开始，孩子们都是从外形特征去了解、区分太空中的

事物，孩子们最感兴趣的有火箭、空间站、宇航员、各种卫星等。渐渐地，一些名词从孩子们口中说出，比如：长征、神州、天宫、嫦娥、天舟、通讯卫星，等等。它们究竟都是什么呢？孩子们会来问我。

孩子们问题很多，涉及的知识面又很广泛，那么老师在教学时应该怎么掌握度的问题呢？

首先我们觉得，老师必须要有一定的航天知识储备，还要进行二度加工，才能适时地、得心应手地、深入浅出地回应孩子们，但不需要规定孩子们了解得很广、很深。老师有了这些专业知识的储备，便有助于激励和激发孩子们去探索、去产生兴趣。

就航天知识来说，幼儿园老师大多是女老师，平时生活中不太关心这方面的知识，为此我们也想与在座的老师交流分享一些最粗浅的航天知识。首先，帮助飞船、卫星等升空的是火箭；能载人飞天、为太空宇航员运送货物，并能来回于地球的是飞船；卫星是为我们人类提供各种服务的，它们需要停留在太空；刚刚我们所说的火箭、飞船、卫星，在我们中国已经有很多发射成功的案例。而空间站是一个在太空的大型实验室。

孩子们大多能自己找到“卫星升空的过程”——火箭帮助卫星、飞船飞入太空；卫星、飞船进入太空后，火箭脱落。这也是孩子们的已有经验。

（互动）刚刚我们分享了一些航天事物以及卫星飞船升空的知识。接下去我们再来看看这块黑板。

（1）上面这排是什么？（火箭。）下面这排是什么？（卫星。）

（2）火箭跟随着卫星到太空后会怎么样呢？（脱落。）如果没有脱落的话，那就说明发射失败，这枚火箭不能使用。

（3）卫星飞到太空后，是留在太空还是脱落呢？（留在太空进入轨道，为人类生活提供服务。）

艺术表现上，我们想了一个什么办法来表现卫星升空，火箭脱落呢，就是滤色

镜。当它盖上去之后，有的看不见，有的看得见。我们就利用了“看得见，看不见”来说明脱落和停留太空的现象。

(4) 看不见了，说明什么？(脱落了。)

(5) 看得见，说明什么？(停留在太空了。)

孩子们探索正火热的时候，传来了一个消息，2020 年我国的空间站将要建成，并且是中国人自己研发的，赶上了世界先进国家水平。这个消息振奋了每一个中国人。孩子们知道消息以后，内心也产生了自豪感，并有意愿长大以后要成为一名航天人。在这样的背景下，我们团队适时开发设计了集体教学活动“飞向太空”，让幼儿在艺术畅想情境中实现“飞天梦想”。

【主持人】：科学探索区对火箭、卫星的探索无疑给幼儿的创造表现提供了丰富的素材，那在集体活动中又是怎样将科学和艺术进行融合的呢？

吴玉婷：艺术是需要想象的，科学是严谨的，在这个活动里为了让它们融合，我们创设了一个太空实验室，一共可分四步：发现——预测——实验——验证。

(出示滤色镜和火箭演示)从科学的角度来说第一步发现了什么呢？

孩子们发现红色滤色镜与不同颜色火箭重叠后，有些“消失”，有些“保留”。孩子们获得了经验，运用滤色方法使火箭脱落，并为之后卫星升空提供经验准备。

（出示滤色镜和卫星演示）从科学的角度来说第二步是用发现的现象进行预测。

孩子们能利用“发现”的现象。按照逆向思维推理，预测成功发射卫星的选色方法。

（幼儿的作品）带着前面“发现”和“预测”的结果，进行了第三步——实验。

利用滤色原理，幼儿有目的地选色绘画，使火箭脱落、卫星升空，并创造表现火箭与卫星的新图像。

实验结束后，进行第四步——集体验证。

利用滤色镜验证实验作品成功或失败，创造中求证之前实验的结果。

创设了太空实验室的情景，以及运用了发现、预测、实验、验证四步，就也是一般科学实验常用的办法。

这个活动，简单地说：科学指向——选色，艺术指向——创造新图像。

其实在活动中，我们也给孩子们提供了艺术想象创造的空间。对于卫星、火箭、飞船、太空星球等，幼儿通过不断创造新图像来表现它们不同的外形特征和功能。这些就属于艺术的范畴。

今天的幼儿作品充分展示了孩子们丰富的想象和艺术创造。

最后升空时，大块红色滤色镜给孩子一种视觉冲击，实现艺术和科学的融合，将孩子们带入“将来我一定要成为航天人，为国争光”的境界之中。

【主持人】：从主题开展到活动区活动再到集体教学活动的展开，“飞向太空”这个活动不仅打破领域边界，有机整合艺术和科学的教育要素，同时将活动区活动和集体活动进行链接，以兴趣引发动机，由动机激励表现，这样的美术教育不以单纯追求美术表现技能学习为目的，追求的是多领域有机融合的整合性教育，追求的是一种借助于表现创造激发梦想的有温度的教育，通过润物细无声的方式浸润每一个幼儿心田。

（四）家园整合，实现育人价值的最大效益

【主持人】：当前，教育中还存在一个问题，即将幼儿美术教育狭隘地局限在幼儿园的集体活动或个别化学习，忽视家庭中丰富的教育资源以及将家庭作为教育价值延伸的良好途径，忽视家园同步教育的作用。其实家庭资源对美术活动的设计和开展极为重要。如何挖掘和利用家庭资源？

家园同步教育的形式，不应该是老师高高在上，而是学校与家庭，教师与家长孩子之间的循环互动。作为一名一线教师，在平时与家长的沟通联系中，会听到许多家长对孩子沉迷于看电视、玩手机、玩 iPad 等现象的抱怨。其背后可能是家长面对这种现象的无奈和无助。当遇到这类情况时，一些家长会训斥孩子；一些家长会为孩子规定使用手机的时间；一些家长会向幼儿提出条件，和孩子说今天不玩或少玩手机，就买一个玩具或是买一个冰激凌奖励孩子……而这些都是家长们提出制约孩子过度使用手机的方法，并不是出于孩子自身需要，效果往往一般。以上来

自于家长反馈的信息，引发了我们老师的思考，如何让孩子自己知道保护眼睛很重要，自发地去改正不良的用眼行为和习惯，就需要家园共同协作，双方步调一致地对幼儿进行积极地引导。于是，我们设计在园开展“自制儿童视力表”活动，将其作为家园同步教育的一个切入口。

“自制儿童视力表”活动结束后，孩子们把自己制作的视力表带回家中，把它贴在家中显眼的地方，和爸爸妈妈一起检查视力。有小朋友每天回到家，都要先检查一遍视力，看看有没有退步；有时当孩子玩手机时间长了，爸爸妈妈说：“再不把手机关掉，你的眼睛可能看不出绿色的那一行了。”小朋友听后，马上就关掉游戏不再玩。通过幼儿园的集体活动，孩子对保护眼睛有了主动性，在家里，爸爸妈妈也可以利用这张视力表对孩子进行提醒、督促。

集体活动后，孩子们的兴趣依然不减，他们还在制作第二张、第三张视力表。有的孩子说再做几张放在外公外婆、爷爷奶奶家里，这样不管到哪里都可以检查视力，还可以为爷爷奶奶检查。孩子们还把自制的视力表张贴在了游戏房的小医院里，替代了原来的视力表。

除了利用自制视力表检查视力，孩子们还从家长那里了解了一些保护视力的方法，并把自己知道的方法带来幼儿园分享给大家。有小朋友说枸杞对眼睛很好，我们可以枸杞泡水喝；有的小朋友学了眼保健操，教小朋友们一起做眼保健操；有的小朋友说不可以坐在太阳下面看书；有的说不能用脏手揉眼睛……孩子们比以前更关注用眼卫生，更懂得爱护自己的眼睛，主动地关心视力，保护眼睛。集体活动带给孩子们的积极意义不仅体现在活动之中，更体现在活动之外。

“我的自画像”这个活动从个别化学习活动中生成。在个别化学习活动中，孩子们的心情故事很多来自家庭中发生的故事。“妈妈带我去泡温泉”“我生病了，爸爸陪我到医院吊盐水”“和妈妈一起出去玩”等。在孩子们的故事里，你会发现有的在宣泄自己的不满；有的在回味和父母在一起的快乐时光，这一切都是“我的自画像”这个活动的素材。来自家庭的资源更好地为此次活动服务，历经不同的事情才能将属于自己的自画像故事说得动听，画得精彩。

在活动结束后，说出自己的自画像故事，成了自由活动时的一个活动内容，也成了回家后和父母交流的话题。孩子们会带着自己的自画像骄傲地讲给父母听，告诉他们自己的喜怒哀乐。

就拿这张画来看，这个孩子画的是我在哭。他说爸爸妈妈整天吵架，我就拼命哭，我很害怕。家长听了发现了自身的问题，老师听后，及时和家长沟通，有再大的事也不要在孩子面前争吵，不要造成孩子心理紧张没有安全感。

还有一张作品说的是妈妈带她去泡温泉，她很开心。孩子说温泉馆里有许多池子，她和妈妈泡了一个又一个，不想从池子里出来。当她把自画像的故事告诉妈妈的时候，眼睛里都闪着光。家长听了这个故事以后，经常抽出时间带孩子外出活动，给幼儿更多的陪伴。

所以说，不管是开心的事还是不开心的事，在这个活动之后，孩子们都乐意述说，他们对人对事的态度，也在教师、家长的引导下，慢慢发生变化。

家庭是幼儿园教育的重要资源，上述三个活动都和家庭有密不可分的联系。有的来自家长从事的行业，有的来自幼儿家庭生活。正是这些丰富的家庭资源拓宽了教师的视野，跟随时尚的脉搏，让我们设计的美术活动有时代的气息、有生活的味道，变得更加鲜活起来。同时家庭也是美术活动价值延伸的重要途径。通过家园的合作教育，拉近了幼儿园和家庭之间的距离，增进了教师和家长、幼儿的情感，实现了美术教育育人价值的最大化。

幼儿美术教育是以美育人的重要载体，在开展美术教育的过程中，通过多元整合将德育为先的育人目标落实到每一次活动中，同时打通领域边界，通过多种渠道在提升幼儿审美体验和审美表现能力的同时，丰厚幼儿的经历和体验，丰富和完善幼儿的生命世界，促进幼儿健全人格的形成，为幼儿一生的成长奠定基础。

活动方案

飞向太空（大班）

执教者：上海“儿童世界”基金会长宁幼儿园　吴玉婷

活动目标：

1. 体验实现“飞天梦想”的欣喜，为中国航天科学家的伟大成就感到自豪。
2. 运用滤色的方法模拟卫星发射，探索发现不同色彩之间的关系。

活动材料：

1. 红色滤色镜：圆形一张（大）；小方形若干；A4 纸一张。
2. 火箭和卫星图片若干；太空背景图。
3. 幼儿绘画纸；炫彩棒、水彩笔若干。

活动经验：

有兴趣了解航天知识。

活动过程：

一、观察太空物体纸模型，再现经验

1. 今天我们这里有很多纸模型，小朋友，你们认识这些纸模型吗？你们知道这些纸模型是什么吗？

2. 这些纸模型都表示了我们中国航天的成就，但是我们航天科学家不满足这些成就，他们还在向更高更远的航天技术进军。即将要完成的就是我们中国自己建造的航天空间站。你们知道我们的航天空间站什么时候建造完成吗？

二、观察思考

1. 我们小朋友是不是也愿意向航天科学家学习，长大当一个航天科学家呢？今天我们就来做一次模拟飞船、卫星升空的实验，好不好？

2. 把卫星、航天飞船送入太空的是什么？（火箭。）火箭把卫星、航天飞船送入太空后会怎样呢？（脱落。）飞船、卫星到太空后是跟着地球轨道走还是也脱落呢？

(它脱落了，就不能为我们人类生活提供方便了。)

3. 实验一：火箭脱落。

(1) 上面这排是火箭，下面这排是卫星。卫星升空，火箭是脱落，还是一直跟随着卫星升空？必须脱落，如果没有脱落的话，那就是失败。

(2) 我们用这块红色遮光板来模拟火箭脱落，遮光板遮住火箭后，如果火箭消失了说明助推成功，如果留在那里就说明火箭有故障。现在就来一个一个检测。我来遮，你们来告诉我成功还是失败好吗？

(3) 思考：有几枚火箭脱落成功了？哪些颜色？

××颜色的火箭是可以安全脱落的。其他不能安全脱落，不能使用。

(教师将脱落成功的火箭留在黑板上，脱落失败的火箭拿走。)

4. 实验二：卫星升空。

(1) 火箭成功脱落说明发射成功，卫星成功留在太空才能算发射成功。那卫星被红色遮光板遮住后是留着还是消失呢？留着。哦，太空有了一个新的卫星。(留着。)

(2) 我们来看第一个×色卫星，你们说它能留在太空吗？请说理由。

(3) (用红色遮光板验证第一个)真的看不见了，看不见说明它已经在太空消失了，升空失败。我们继续看第二、第三、第四颗……卫星。

(4) 想一想哪些颜色的卫星能升空？哪些会失败？

(教师一一验证，将消失了的卫星取走，留下可见卫星。)

三、创造表现

1. 黑板上出现的都是卫星和火箭的符号，真正的卫星要比这些纸模型还复杂、精密千万倍。

2. 今天我们做的实验，就是选定一个卫星或者航天飞船，再选定一枚火箭，准备发射。可以参考这些纸模型，也可以自己发明创造。想一想飞船、卫星应该选什么颜色。火箭又应该选什么颜色。这是需要科学的头脑去思考的。能不能试一下？愿不愿意挑战一下自己？思考好了就可以进入实验室了。

3. 为了方便你们实验，我会把这些纸模型放在中间，大家可以参考。每个实验室还有一块微型遮光板，可以帮助你们实验的时候随时检查。

4. 个别幼儿观察与回应：

(1) 选定颜色，按功能表现不同卫星的特征；可以是一个卫星(表现内部结构)，也可以是多个卫星(表现外部特征)。

◇ 今天你准备建造是卫星还是航天飞船？它有什么功能呢？

◇ 你选择的颜色能不能让卫星、航天飞船升空呢？可以找这块微型遮光板检验一下哦。

◇ ××有些什么功能呢？有些什么设备呀？设备够先进吗？有没有机密的设备呀？

◇ (特别小)你这个可以飞到天上去吗？有点像风筝，太小了，连飞机的高度都不行。太空要离开大气层的，这个肯定不行。

◇ 航天飞船上宇航员能干些什么呀？每个舱位里做的事情一样吗？有些什么设施呢？

◇ 你发射的卫星对我们人类有什么帮助呢？

气象卫星你从哪里可以看到它预测的国家和城市的天气情况呢？能不能预测自然灾害？比如地震、龙卷风……卫星上哪里可以显示出来呢？

◇ 导航卫星上可以看到什么？有道路拥堵情况的显示吗？船舶、舰艇在大海上是不是就可以马上找到方向了？你能看到船舶舰艇的位置吗？飞机在天空中分不清楚方向，这个卫星能帮忙吗？

◇ 快递员叔叔收到外卖、闪送快递单都是用通讯卫星；飞机、轮船、火车、汽车上联系也要用通讯卫星；跟妈妈爸爸爷爷奶奶视频电话需不需要呢？……

◇ 你的探月卫星能绕月球运行了吗？能不能降落在月球上呢？能不能回到地球呢？月球上它会看到些什么呢？

◇ 幼儿自己创造的卫星。你的卫星能为人类带来什么方便呢?

◇ 报告大家,实验室里正在实验××卫星、××卫星、××航天飞船、××空间站。

(2) 在卫星的底部添画火箭,思考选用什么颜色表现脱落。

◇ 别忘了准备好火箭把你的卫星发射升空,你的火箭是什么颜色的呢? 想一想选什么颜色才能让火箭脱落成功。

◇ 火箭的助推器在哪里呢? 火箭上还要有什么才能有足够的力气将××运送到太空中?

(3) 在卫星的周围按自己的想象表现太空中的发现。

◇ 太空中除了卫星,还会有什么呢? 宇航员? 陨石? 星星? 别的卫星?

四、分享交流

1. 展示作品:检测火箭和卫星是否能升空。

实验的时间到了,请每一个宇航实验室的航天科学家再检查一遍。

2. 模拟升空:用红色遮光板遮住发射中心检验航天成果。

(1) 发射倒计时,一起倒数 10—0(教师将红色遮光板遮住发射塔),快看看都发射成功了吗?

(2) 现在我们实验室里的卫星都已经升空了。我们一个一个检查,检测到哪个发射台,就请那位科学家站起来,告诉我们他发射的卫星或者航天飞船的名字。坐在下面的科学家可要睁大眼睛看清楚,有没有发射成功,如果发射成功大声告诉他,并鼓掌表示庆贺。

◇ 如有升空失败:还好今天是实验,不然的话后果很严重。

◇ 实验暂时失败,一定要找出原因,调整一下,为再一次实验做准备。真正的航天实验室里天天有实验失败,但是航天科学家依然继续在做实验。

3. 今天我们是做一次实验,当然想要成为一名航天人,像我们这样小小的实验是不够的,但是我们有决心,一次次参加,一次次挑战,将来在我们中间真的会有航天科学家出现。

自制儿童视力表(中班)

执教者：虹口艺术幼儿园　李超杰

活动目标：

1. 建立主动保护眼睛的意识，养成科学用眼的良好习惯。

2. 尝试按照纸的大小，运用重叠剪纸的方法剪出简单的图像，制作儿童视力检查表。

活动材料：

成人视力表、观察图样(苹果、鱼、伞、房子、帽子、树)、空白视力表(幼儿用)、三种不同大小的正方形手工纸若干、剪刀、胶水、宝贴。

活动过程：

一、导入主题

师：我们每学期都需要进行体检，在体检的时候，你们检查过视力吗？(打开视力表)知道它是什么吗？视力表能告诉我们视力情况，我们一起检查一下视力吧。

(1) 指 0.1 处的 E(很糟糕)：这是视力表中最大的，大家都能看见。如果看不见，说明你的视力已经很糟糕了，和盲人差不多了。

(2) 指 1.0 处的 E(要保持)：这是 1.0，能看出这一行的小朋友说明你的视力还可以，但要注意保护。因为稍不注意，这行看不出，就有可能变成近视眼了。

(3) 指 1.5 处的 E(亮眼睛)：能看出这行的小朋友，说明目前你的视力很不错。如果你能一直保持看清这一行，说不定以后能做从事特殊职业的解放军、宇航员。

师：为什么每学期要检查视力？视力好可以帮我们做什么呢？

(健康的眼睛可以看得更远、看很小的东西，能区分不同的颜色，在暗的地方也能看见东西，能看清移动得很快的物品。上课的时候，可以看清老师黑板上的东西，学到更多的本领；搭积木的时候，可以看仔细积木不会搞错；运动的时候，可以看见小石头不会绊倒了……)

小结：看来经常检查视力能及时了解自己的视力情况，如果视力有退步，我们要马上改掉不正确的用眼习惯，矫正自己的视力，保护好自己的眼睛。

二、讨论制作

师：可是幼儿园的视力表在卫生老师那里，我们就不能经常检查视力了。我们可以自己做一张视力表，放在身边，有需要的时候就能及时检查了。

1. 观察视力表，比较成人视力表和婴儿视力表的不同。

师：这里还有张“婴儿视力表”，是弟弟妹妹们用的视力表。（出示婴儿视力表。）

师：看看弟弟妹妹们用的视力表和我们平时用的视力表有什么不一样？两张视力表的图案有什么不一样？（婴儿视力表有各种图案，普通视力表只有一个“E”；普通视力表的“E”字有不同的方向，婴儿视力表没有不同的方向。）

师：今天我们做一张既像婴儿视力表那样有图案，又像普通视力表那样有方向的“儿童视力表”如何？（出示儿童视力表。）

师：在婴儿视力表里有一个图案是没有方向的，你们能找到吗？（幼儿找出后，把该图案取出。）看来这个不能放到我们的儿童视力表里。

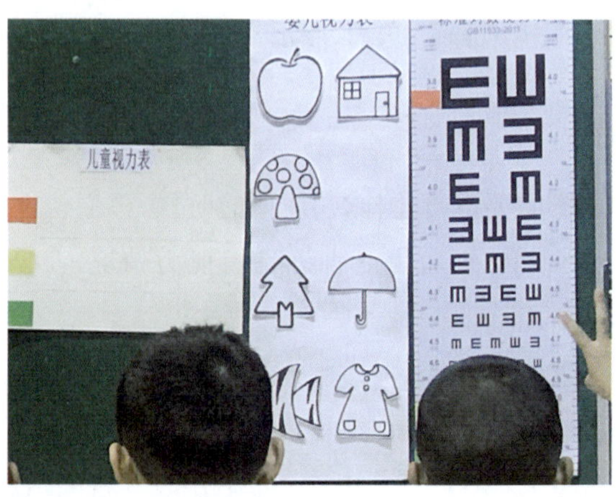

2. 对照操作材料，思考制作方法。

（1）对照视力表，说说大中小三张纸分别使用在哪一栏？

师：今天我们用剪纸的方法来做自己的视力表，我为每人准备了大中小三张纸。（拿出三张纸。）（手指一下标准视力表，和标准视力表比较。）最大的纸用来做哪栏视力图案？中间的纸用来做哪栏图案？最小的呢？

（2）如何用一张纸剪出四个相同大小而且一样的图案？

师：一样大小只有一个图案能做成视力表吗？有什么方法可以用一张纸一下子就剪出四个？（幼儿说，老师做：两次对边折。）

师：如果把三张纸的图案都剪成一样大小还能做成一张视力表吗？有什么方法可以明显地剪出不同的大小呢？

（提示：我们用沿边剪的方法，从边剪进去，剪刀快要碰到纸边了才打弯。）

师：我们挑一个图案，用沿边剪的方法剪一个图案，你们要提醒我什么时候要剪进去，什么时候要剪出去哦。

（3）如何摆放让每栏的图案有四个不同方向？

师：图案剪完后，我们在图案后贴上宝贴，贴在视力表上。（贴图样。）现在有了一个，方向朝哪里？谁来放第二个？方向可以和我一样吗？他的方向朝哪里？谁来贴第三个？有了上和下，还能朝哪个方向？现在有了上、下和左，还缺了哪个方向？

师：我们上下左右四个方向都有了。

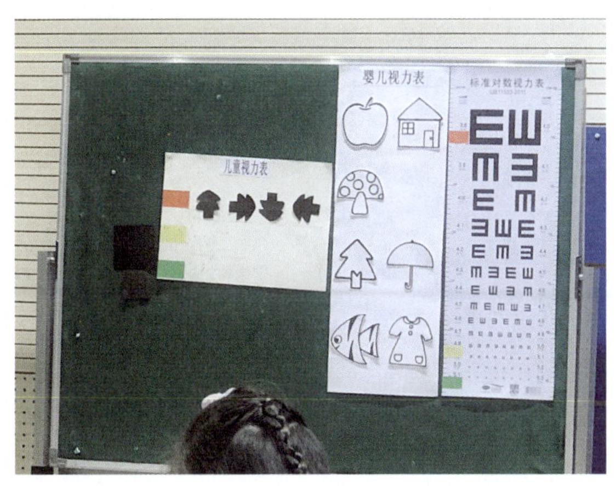

三、自制儿童视力表

师：你可以挑选婴儿视力表中的图案，用重叠剪的方法制作自己的视力表。我们今天制作的是很特别的儿童视力表，不但图案有大中小，还有四个不同的方向哦。

方法：

1. 对边折两次，一张纸变成四份。

师：我们要做的第一件事是什么？

2. 确定图案，沿边剪。

师：找一个喜欢的图案，怎么才能做到大纸剪大图样？

3. 把图案按四个不同的方向摆放在空白视力表中。

师：在摆放时，除了一排要对齐，还要看一看上下的图案，也要对齐，这样才能做出一张标准的儿童视力表。

4. 按相同的方法，制作另外两档。

师：做完一栏后，再找另外的一个图样，重复前面的步骤。

当发现幼儿没有沿边剪，把大纸剪小了，教师可以说："视力表中不同大小的图案对应的是不同的视力情况，大小图案一个都不能少。缺少了最大的图案，视力表就不完整了。"提示幼儿沿边剪纸。

当发现幼儿缺少了最小的图样时，教师可说："缺少了最小的图案，我们就不能检查出视力是否真的很好。"暗示幼儿不要缺少最小的图案。

当孩子剪小了，问："为什么会剪小了？怎么才不会剪小？"

四、分享交流

有提前完成的孩子：坐下来检查一下，看看自己的视力表是不是每一栏都有四个方向，帮做完的朋友也检查一下是否有四个方向，看看大、中、小三个图案都有了吗。我们马上要检查视力啦，提醒没有完成的幼儿加快速度。

1. 共同检查：每张视力表上是否都有大、中、小三排不同大小的图案。

师：小朋友们做了这么多儿童视力表，我们一起来检查，是不是每张视力表都有三种大小不同的图案。当指到自己做的视力表时，请你说一下自己剪的图案是什么。小朋友说说看，他剪的是大图案、中图案，还是小图案。

（共同检查，若发现没有不同方向的，放到一边。）

2. 挑选其中一张儿童视力表，用检查视力的方法看一看是否有不同的方向。

师：我们找一张，一起检查视力，看看是不是每一栏都有四个不同的方向。

这张视力表每一栏都有四个不同的方向，它是一张合格的视力表，可以把它带回家，这样就可以天天在家检查视力了。

这张视力表缺少了哪个方向，我们一起帮帮忙，让它成为一张合格的视力表。下次再做的时候，我们要仔细检查各个方向不重复。

没做完的小朋友也不要着急，我们可以在个别化活动中继续把它完成，再带回家。

我的自画像(大班)

执教者：黄浦区文庙路幼儿园　韩兴珏

活动目标：

1. 尝试伴随图像和颜色表达自己的所思所想，感受艺术表现的乐趣。

2. 乐于和同伴交流自己的喜怒哀乐，培养对周围事物积极的情感和态度。

活动准备：

1. 幼儿在活动区为自己画了一些有故事的画。

2. 镜框、蜡笔、餐巾纸。

活动过程：

一、欣赏讨论活动区作品(心情故事)

1. 幼儿介绍自己的故事画册，说说故事名称。

师：小朋友，你们最近是不是都在画心情故事呀？我看见你们本子里的心情故事真多，看看这是谁的故事，请你来介绍一下。(教师打开孩子的故事画册，孩子介绍。)

2. 根据不同的故事，说说哪些是高兴的故事，哪些是不高兴的故事。

师：故事真多，有高兴的故事，也有不高兴的故事，等一会儿我说故事名称，请你们告诉大家是高兴的，还是不高兴的。(幼儿边看故事边说。)

3. 把最想讲给朋友听的故事画在封面上，画成有故事的自画像。

师：本子里有这么多故事，等一会儿把你自己最想讲给朋友听的故事画在封面上，画成自画像。一边画一边讲自己的故事，画好了贴在封面上介绍给大家。怎么做呢？要做三件事，我们一起来看一看。

二、观看视频，了解作画三件事

1. 第一件事：画上自己大概的样子，介绍自画像的名称。

师：画自画像要做三件事，看看第一件事情是什么？画的时候嘴里要说什么？

（幼儿看视频，画上自己大概的样子，介绍自画像的名称，比如我爱唱歌。）

师：谁听清楚了，第一件事情做什么？谁把这么长的一段话讲给大家听？画的时候应该说什么？（幼儿回答。）

小结：第一件事是我们该画什么，说什么。画大概的样子，说一说我在×××幼儿园上学，我叫×××名字，今天我讲的事是什么。这些话讲完了，我们大概的样子也画好了。

2. 第二件事：边涂颜色边讲故事。

师：第二件事情画什么讲什么？我们再看看，等一会儿大声地告诉大家。

小结：第二件事情是涂颜色。那么涂颜色的时候涂什么讲什么呢？一边想自己的故事是高兴的还是不高兴的，选哪个颜色好。边涂边讲，讲一讲还可以再换一个颜色，再继续讲，涂得越多讲得故事越长，颜色配得越好，故事也就越好听。你们有没有发现还没有画过五官？怎么能不画呢？

3. 第三件事：画表情，结束讲述，谢谢大家。

师：那我们一起来看看什么的时候我们画眼睛、鼻子、嘴。（我的故事讲完了，谢谢大家。）

小结：对呀，第三件事情才是拿出黑色笔画出自己的表情，最后说谢谢大家，我的故事讲完了，我的表情也画好了。大家就知道你的心情故事到底是高兴的还是不高兴的。三件事情都要一边画一边说。

三、创造表现，我的自画像

1. 选好一个折好的镜框。

师：这里有不同颜色的镜框，你可以根据你的自画像故事选择你喜欢的镜框。

2. 确定自画像内容，为自己命题。

师：小朋友们先想一想，我今天的自画像说的是什么故事，想好了就一边说我是哪个幼儿园的，我叫什么名字，一边画出自己大概的样子。（大家好，我是××幼儿园的。我叫××名字。我今天给大家讲的故事名字叫××。）

注意提醒：现在不是画表情的时候哦，现在故事也没有，哪里有表情呢。

3. 边涂色边讲述，努力使自己的故事讲得生动。

师：开始涂颜色讲故事了。（××小朋友已经开始涂颜色讲故事了，××小朋友选了一个××的颜色，可能是讲一个很高兴的故事吧。××小朋友又换了一个颜色，看上去他的故事里面还有好多精彩的内容，一定很有趣。）边涂涂边讲讲，故事讲得长了，颜色也用得多了。

4. 画表情，结束讲述。

师：已经讲完故事的小朋友，可以画上自己的表情，画好了就放到架子上。看一看、试一试，能不能把自画像的故事讲给大家听。

四、分享交流，最想听的自画像

1. 展示自己的作品，共同观赏，发现不同的内容。

师：今天的心情故事真多，又好看又好听，先看哪个好看，再听哪个好听。请愿意讲自己自画像故事的小朋友，来给大家介绍。

2. 编号推选最想听的故事，请小作者介绍。

师：还有谁愿意介绍自己自画像的故事。

3. 体会：自画像就是自己的心情故事，要学着边画边讲，人人都可以画得好看，讲得动听。

教研纪实

提炼生活热点，落实情感目标

——反思“飞向太空”活动目标调整过程

上海“儿童世界”基金会长宁幼儿园　吴玉婷

目标是一切活动的灵魂和依据，回顾幼儿园美术活动，虽然经过多年的课程改革，建立了形式为内容服务的观念，但是，在具体实施中，仍然没有摆脱重视表现形式，追求作品效果的束缚，反映在目标确定上始终存在着技能方法目标具体，认知情感目标形同虚设的问题，为此我们开展了为期两年“手为心动，美术与德育的融合”的实践研讨。我承担了“飞向太空”活动的设计与执教的任务，针对目标设定，我们经过三次修改，对如何将情感目标落到实处，有了较为深刻的认识，现就结合三次目标修改，谈谈我的一些收获。

第一次目标：

1. 有目的地选色，关注深浅和不同颜色之间的关系。

2. 在表现火箭发射的情景中，激发幼儿成为航天人的梦想。

当时，我对中国航天科技的成果也只有一些零碎的认知，认为平时在图画书中已经看到过一些火箭和卫星的画面，一般造型也比较简单。我主要思考的是幼儿在画出火箭外形后，我“怎样引导幼儿有目的地选色”，使作品最后呈现颜色配合深浅对比突出的即时效果。因此，我在活动的开始部分也和幼儿交流了一些有关火箭的内容，但只是匆匆而过，只关注了配色方法的讨论，幼儿在作画过程中也只是跟着老师思考这里怎么涂那里怎么画。虽然最后作品呈现的效果不错，但幼儿对中国航天事业十分漠然，丝毫没有显露出对航天火箭的热情。情感目标中“激发幼儿成为航天人的梦想”形同虚设。

活动以后，我们对幼儿的状态进行分析，发现原因在于教师社会热点的敏感度很低，对中国航天日新月异的成就缺乏应有的热情，这样的活动设计只是停留在画

得美上，不可能打动幼儿，为此，我们将目标修改为：设想创造模拟航天试验的情景，将艺术表现融入科学实验的元素。

第二次目标：

1. 初步尝试滤色，发现不同色彩之间的关系。

2. 运用滤色的方法表现卫星发射的生动情景，体验实现飞天梦想的欣喜。

目标的调整凸显了情感目标作为主线，我们为幼儿制作了许多火箭和卫星的模型，向幼儿介绍我国航天的科学成果，激发幼儿用“滤色”这一美术手段来表现火箭发射现象。孩子的角色也从旁观者变为火箭发射实验员。第一次目标中的“有目的”修改成了“初步尝试”，说明我们将最后作品发射成功与否的即时效果要求减弱，更在乎让孩子体会“飞向太空”的实验快乐。

经过调整，我们发现幼儿喜爱滤色这一美术手段，整个活动幼儿都在不断尝试中。这一改变也使我们欣喜地看到手为心动的成效，为此，我们进一步探讨是不是还可以和现实生活贴得更近一些，挖掘从运送火箭发射成功的“欣喜”到卫星在太空遨游的向往。于是，我们又进行了第三次目标的修改。

第三次目标：

1. 体验实现“飞天梦想”的欣喜，为中国航天科学家的伟大成就感到自豪。

2. 运用滤色的方法模拟卫星发射，探索发现不同色彩之间的关系。

第三次目标的调整，我们遵循先爱生活再爱艺术的做法，将情感目标放在了艺术表现目标之上，体现活动价值更在于孩子们对中国航天的体会和感受，而不只是完成一幅作品。此时情感目标又体现了两个层次，一是将“欣喜对象”更明确，在运用滤色时，实现了火箭发射的强烈愿望，实现了孩子们的“飞天梦想”，拉近了航天航空与 6 岁孩子的距离。二是明确了实验愿望的来源，那就是更为关注中国航天人的大成就，萌发能成为一名中国未来航天人的愿望。为此，我们特为幼儿增设了飞天实验的场景，模拟卫星发射，从而使幼儿欣喜地发现一艘艘卫星飞向太空，激发了他们让更新颖的卫星飞上天的愿望。

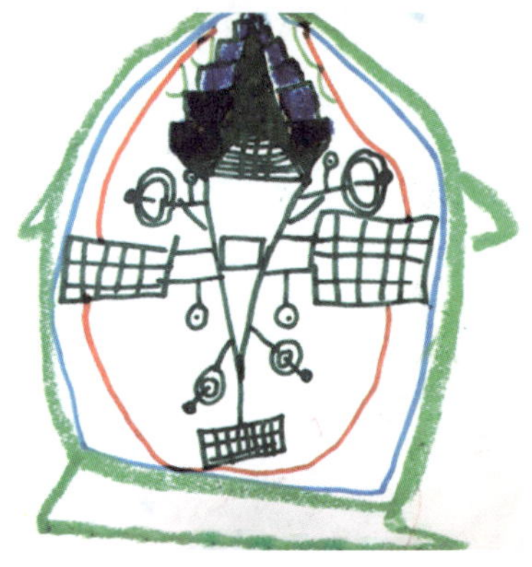

钻石头星球矿藏挖掘车

太阳温度探测卫星

太空旅行观光航天飞船

运载种子繁殖仪器的货运飞船

载人航天空间站

往返黑洞的探索卫星

我们看到幼儿在绘画中对发射更为先进的卫星寄托了无限的向往，在走出实验室，站上升空平台时，幼儿一个个慎重其事地将自己的作品放在编号的位置上，他们笔下有的是探测太阳温度的卫星，试图大量使用太阳能，减少地球能源的消耗；有的是往返黑洞的探索卫星，找出被黑洞吸走的物体究竟去到哪里……激动人心的时刻到了，一张红色滤色膜覆盖在“太空”，顿时一目了然地显示出哪些卫星成功升空，现场幼儿情不自禁地爆发出热烈的掌声。幼儿的热情表现也使在场的每一位教师激动不已，我国航天科学后继有人！

对比三次目标的调整，可以看出从追求作品效果到激发探索实验欲望，再到萌发争当未来航天人的改变，体现了美术活动与德育相结合的价值。“飞向太空”将当下我国航天航空的成就引入美术活动，以滤色镜艺术手段，提高了艺术表现的探索性和趣味性，为幼儿打开了航天知识的大门。

“飞向太空”活动的尝试，让我对如何定位目标有了新的了解和认识，很幸运我是这一团队中的一员，很幸运导师们对我手把手地指导，团队中姐妹们的热情支持。在之后的活动中我会将德育为先的理念始终牢记，打开自己的“生活圈”，认真斟酌，有意了解社会热点和孩子们的生活热点。与大家一起携手走在“爱上课”的路上……

写在最后的话

评价后的反哺：15个教学诀窍

如之前所述，即“写在最前面的话”中列出的“全书阅读架构图”，在此将本书的五次研讨活动评价中总结，提炼出的教学诀窍一一和盘托出。我们欣喜地发现，这是评价后的另外一个视角，期待反哺教研，与老师们进一步地研讨，将“手为心动”进行到底。

一、从第一讲可获得的诀窍——怎样选材

从第一讲的三个实践活动中，我们可以看到美术活动是如何开启幼儿通向美好生活的窗口的，这比传授技能更为重要，我们在过程中必须要将其化为具体的内容加以落实。归纳起来我们具体的做法有以下三个方面：

诀窍一：凸显欣赏材料的民族性

我们在活动中精心选择材料。《3—6岁儿童学习发展指南》中说道：“欣赏和感受是第一位，表达和表现是第二位。”因此我们美术活动选择的内容和欣赏材料始终和孩子的日常生活紧密结合在一起，始终让孩子通过欣赏和自己的生活建立联系，激发孩子创造表现的积极性和愿望。本书中第一讲的活动，内容都是我们中国原创的绘本或者具有中国特色的歌曲，我们的原则是：民族的才是世界的，传承和发展中华优秀传统文化，做到古为今用，洋为中用，不自闭不献媚。

在小班活动中，我们精心选择了《小小蛋儿把门开》这一首中国原创歌曲，小朋友听到歌曲时感到非常亲切，这些卡通动物也是小班孩子非常熟悉喜欢的。歌曲一共只有四句话，朗朗上口，孩子们愿意跟着唱，在唱的过程中情感又进一步得到了提升。老师呈现的明朗的画面，一下子就吸引了小朋友的目光：画面中小鸡眼睛和嘴巴都会动，很可爱。歌曲不仅仅是作为背景音乐呈现给大家的，也更好地烘托出了“小鸡靠自己出壳”的氛围。

中班活动“大家一起真开心”的欣赏材料源于绘本《没有什么不高兴》。这本绘

本也是中国原创的，内容运用彩色铅笔绘画而成，夸张的人物造型和简单的构图，十分接近幼儿的表现形式，让孩子们倍感亲切。

大班活动“小青花”选自绘本《小青花》，我们看了绘本后，去年去江西婺源看了油菜花，再到景德镇找了瓷猫。因为这本书，也让我们有了激情和冲动，想要亲眼目睹一番。我们觉得老师有了热情，才能在活动中触动孩子一起来修复小青花，让孩子在老师设计的活动中产生共鸣。老师首先要做一个热爱生活的人，才能培养出一群热爱生活的孩子。从《小青花》这本书来看，全书浸润在江西景德镇这一青花瓷都的风貌里。我们将绘本故事进行了改编：一只小花猫想带着瓷猫到油菜花田里去玩，可小瓷猫不小心从窗口摔下来打碎了，这时小花猫就想到景德镇爷爷可以修复它的。我们特地从书中选出了打碎的瓷片，将瓷片进行了分类。当初在活动设计的时候，我们将一种图案起名为如意，但最后老师根据孩子的生活经验和情感体验，顺应了孩子的想法，将其取名为祥云图案。这些做法足以让民族文化、民间艺术浸润在孩子的心田，不断地激发孩子创作的热情，激发他们的创造性和主动表现的愿望。选择材料过程中的艰辛无法一一细说，但是我们在选择的时候心里始终有孩子，有孩子的年龄特点，有孩子的生活经验。

美术是视觉艺术，所以欣赏的材料是非常重要的。作为艺术教育活动，如果孩子面前没有图像，没有美丽的花纹、景色、艺术品，孩子脑中就会一片空白，那么这个艺术教育活动也是没有价值的，是非常苍白的。孩子画得好或是画得不好，都没有关系；有一双会发现美的眼睛，有一个美的心灵，对幼儿一生的成长会起着更积极的作用。就“小青花”这个活动来说，我们正是带着“小青花打碎了太可惜，我们一起来想办法”的动机的。在这个动机的激励下，在美的艺术环境的熏陶下，最后教学设计为让孩子把自己修复好小青花放在精心选择的画面里，就像景德镇爷爷一样把修复好的小青花放在窑洞里，期待等烧好后拿出来，变成一个珍贵的艺术品。最后的分享交流环节也是孩子欣赏的过程。我们设计呈现一个窑洞的画面，就是让整个活动都有美的欣赏，孩子们将自己的作品放上去的时候也要小心，不能打碎。所以，整个活动孩子都怀着一种对“小青花”热爱的情感，这就是我们教学活动所要达到的目的，是情感的培养，培养孩子热爱我们的中华文化。

正是在这样的艺术环境的熏陶下，才有了这个精彩的活动设计。在我们面前的陶瓷“小青花”，实则呈现的是孩子创造的精彩，是孩子爱“小青花”的精彩。在这个活动中我们不得不感叹中国的孩子的艺术才能，为我们是中国人而感到自豪，也更进一步提升了“我是中国人”这一主题的核心教育价值。

诀窍二：艺术之魂在生活里

正因为我们有一双善于发现美的眼睛，才能够培养一群热爱生活的孩子。我们老师自己是一个爱生活的人，我们的爱才会感染孩子，才会使孩子成为一个有欣赏眼光的、一个热爱生活的、一个有美德的孩子。所以我们整个活动没有过多强调作品的效果怎么样，没有追求画得好不好、美不美、像不像。整个过程中重视活动内容，没有偏重技能的表达和表现。以前我们老师对重技能还是重内容往往有质疑，有时在美术活动时会搞不清楚，但是本书的活动始终把活动内容放在前面，淡化了孩子技能的表现，就像“小小蛋儿把门开”中尖尖嘴是为了戳破蛋壳自己钻出来，细细腿也是靠自己站起来，始终和内容紧密联系在一起，而不是简单地画出什么。

我们在经过这么多年大量的探索后领悟出了一个道理：爱艺术、爱生活这两者必须统一，必须紧密地联系在一起。也就是不把艺术美作为空洞的说教，或是一种空洞的没有图像的简单传授，而是给孩子大量的视觉冲击，引发他们创作的热情。无论是艺术的灵感还是艺术的创造，都源于孩子对生活的体验，幼儿的艺术创造也只有将对周围事物强烈的情感和爱联系在一起才会有血有肉，才会有真正艺术表现的价值，才会有最精彩的富有童趣的创造性的表现。

诀窍三：找准主题，抓住关键词

我们结合小中大班不同年龄幼儿的生活经验，围绕主题的核心经验，选择能充分激发幼儿关注周围生活的内容。这些内容源于幼儿自己身边的一些事，孩子都有实际的生活经验，适合作为美术活动的题材。这些活动都运用了不同的主题贯穿始终。

比如，小班活动“小小蛋儿把门开”的主题就是“不要妈妈帮忙”，小朋友都说要靠自己；中班活动“大家一起真开心”的主题是“很多人一起玩最开心”，幼儿们找一找这个好朋友是谁？好朋友是由一个个具体的对象构成；大班活动“小青花”的主题是：“青花瓷打碎太可惜，我们一起来想办法”。三个活动围绕三个主题展开，通过多种方式的不断重复，加深幼儿对独立性、社会性情感的体验，对我们中华优秀传统文化重要组成——青花瓷的喜爱，情感主线始终在老师的心中，贯穿在活动始终。

例如“小小蛋儿把门开”活动，整个情景导入的过程生动形象，把小鸡从鸡蛋慢慢孵出来的过程展现在孩子们的眼前：小鸡一开始是住在蛋宝宝里的一个小不点，吃吃蛋白蛋黄渐渐长大，这符合小鸡在蛋里面生长的过程，当它长大了以后有了自己的力量就能用尖尖嘴啄破蛋壳，伸伸细腿自己站起来。睁开圆溜溜的眼睛东看看西瞧瞧，扇扇翅膀向妈妈跑去。它没有靠妈妈，都是靠自己慢慢地钻出蛋壳。孩子们仿佛自己就是小鸡，他们不靠妈妈自己钻出壳。之后在孩子涂色和添加小鸡特征的过程中，老师的教学也始终和“不靠妈妈靠自己钻出蛋壳”这一情感紧密结合，而不是传统的一味地让孩子们画小鸡。以前我们比较关注技能表现，追求画得像。不会把小鸡的尖尖嘴巴细细腿的特征和它钻出蛋壳联系起来，但是今天我们理解和懂得不是追求画得像，而是将这些特征和小鸡靠自己钻出蛋壳，即和活动主题紧密联系在一起。在过程中我们还看到老师和孩子间精彩的互动，老师就是鸡妈妈，她问："要妈妈帮忙吗?"孩子们都说："不要妈妈帮忙，我自己行!"老师还问了小鸡："你是靠谁帮你站起来的啊?"小朋友说："靠自己。""靠自己""我自己行"这些话在整个过程中不绝于耳，我们始终看到老师对小班孩子情感的培养，孩子们始终坚持不要靠大人，靠我自己出蛋壳的信念，这对小班幼儿来说非常难能可贵。

二、第二讲中可获得的诀窍——怎样将内容与方法融为一体

我们必须意识到任何表现方法都是为了让幼儿将自己的体验表现得淋漓尽致，离开体验的表现只能是训练而不是艺术创造。几年来，我们都在反复探索，在第二讲的三个活动中，可以找到以下三个诀窍。

诀窍四：方法跟着线索走

在"油菜花开"活动中从放大镜中细看一朵油菜花找花心、找花瓣的探索方法，到走进油菜花田把花朵剪得更美的方法，在盛开的油菜花海，创造性尝试剪得又多又快的方法，连成一条渐渐展开的线索，在蜜蜂采蜜的高潮中意犹未尽地结束活动。

诀窍五：方法跟着情境走

在"小灯笼亮起来"活动中，我们设计了一段简短的对话：

——啊呀，前面是什么黑影呀？我好怕，我好怕。

——不怕，不怕，小灯笼照一照，原来是我的好朋友……

在进入活动时，教师就用三次重复的对话贯穿于三个黑影的介绍中，成了贯穿整个活动的生命线，尤其是在幼儿创造表现的过程中，教师随时运用这一对话与幼儿互动。例如幼儿尝试着剪长颈鹿的黑影，教师立刻与幼儿对话。师："——啊呀，前面是什么黑影呀？我好怕，我好怕。"幼："是长颈鹿"教师拿出手电筒给幼儿模拟灯笼照一照，一起说"——不怕，不怕，小灯笼照一照，原来是我的好朋友长颈鹿。"鼓励幼儿继续剪出长颈鹿的美丽身影。如此重复，使每一位幼儿都有明确的创造

意识。因此在活动结尾，幼儿对这个对话已经可以做到脱口而出，随着不断创造新的黑影形成了永不结束的故事。

诀窍六：方法跟着内容走

在“跨海大桥”活动中，每一个折叠步骤都不是空洞的存在，而是建造桥塔必不可少的。例如第一步，对边折确定桥面和桥柱的位置。第二步，两次折边判断桥面是否平整和桥柱是否笔直，都与桥塔是否坚固安全联系起来。第三步，三刀剪出一条绳索，我们原来设想的口令是“一刀不行、两刀不行、三刀！拉起一根绳索！”但是这样的解释还不够具体形象。于是又改成了现在的第一刀装上绳索，第二刀拉紧绳索，第三刀固定绳索，更形象地解释了三刀的区别，使幼儿在剪纸中检验自己的工作是否认真仔细、一丝不苟并坚持到底，甚至在发生困难后试着调整修正，时时不忘学做小工程师的动机。

三、第三讲中可收获的诀窍——怎样备课

纵观每一个教学活动的内容，我们都会发现美术活动不是教师随心所欲的，更不是为了教会某种技能方法的点缀，而是在充分挖掘题材的意义，努力实现手为心动教育价值的最大化。

“好饿的毛毛虫”“沙丁鱼风暴”“拯救白犀牛”这三个活动都与动物主题有关，所选的原始材料都不是源自我国本土，但我们并没有不假思索地全盘照搬，而是在选取其中有用的线索之后，进行了加工，使三个活动内容与真实的生活对接。

诀窍七：加强自身的知识储备

幼儿对周围事物的认知只是一个起点，我们无需将深奥的知识教给他们，有些教师就会误认为自己的知识足够应付。殊不知幼儿缺乏识辨能力，对教师的任何介绍和解释都会信以为真，虽然我们教给孩子的知识比较浅显，但也必须慎之又慎，不能有任何知识性错误。美术活动题材丰富、知识面广，教师必须加强自身的知识储备，才能在活动中应对孩子提出的问题，教给孩子科学的、正确的知识。例如：设计出小班折纸毛毛虫活动，我们对“毛毛虫是否是昆虫”提出了质疑，最后得出“毛毛虫会破茧成蝶，是昆虫”的结论，但如果我们都把所有的虫子都称为昆虫，这样的错误认知，将会先入为主的影响幼儿今后的认知发展。

幼儿又是充满好奇心的，在摈弃教师单向传授，提倡师生互动的学习方式时，对幼儿不在预设内的问题的回应随时考验着教师，教师不能不加思考地“瞎讲”。

例如：在试教“拯救白犀牛”谈论白犀牛居住在哪里时，有的幼儿说“在北方”，这就与非洲北部相差数万里。又如：每次玩沙丁鱼风暴游戏时，需要教师对沙丁鱼的变形是否能对付海狮的考验进行判断，教师的解释不能是抽象的科学道理，必须转换成儿童语言，这时我们就深深体会读书万卷终嫌少。教师除了要向书本学习外，还要善于向他人学习，从实践中学习，体会徜徉在知识的海洋中的乐趣，努力成为知识型的幼儿教师。

诀窍八：理性备课，感性执教

以艺术教育中的折纸活动为例。折纸有着严谨的折叠技巧和步骤，我们根据幼儿数学思维、空间知觉和小肌肉动作等综合能力，以及无数次实践研究，最终发现幼儿不会折纸不是因为缺少步骤，而是步骤过多所致，得出做减法不做加法的结论。就每一个具体内容的折叠步骤，我们在备课时还需反复研究再做第二次的归纳删减。

逻辑性是教学中的关键。合理的逻辑线索有助于幼儿自主探索，爆发创造热情。在“好饿的毛毛虫”“沙丁鱼风暴”“拯救白犀牛”这三个活动中，我们都看到了教师的逻辑性思考。

大班活动“拯救白犀牛”中，从非洲北部仅存的两头白犀牛谈起，到介绍我国广州被保护起来的白犀牛，再到人们如何保护动物的举措，最后我们小朋友如何做力所能及的事，引发折白犀牛做宣传栏加入拯救行动的动机。

中班活动“沙丁鱼风暴”活动中，折纸方法的讨论也有着逻辑关系的思考，以前的折纸不讲逻辑只讲步骤。现在我们先折出大概的样子，再折鱼鳍、头尾等特征部位，体现了先整体后局部的逻辑关系。

小班活动“好饿的毛毛虫”，围绕毛毛虫睡觉——弯弯腰——醒来了伸懒腰——扭一扭向前爬——出门找食物的过程展开，从中体现的是连贯性情景的逻辑。

带着这些逻辑思考，教师就可充满激情地全身心地投入和小朋友共同体验的活动过程中去。

诀窍九：教方法替代教成品，将关注作品效果转向关注能力迁移

教方法替代教成品是激发创造的重要原则。就折纸而言，每次都有严谨的步骤，传统的教法就是将步骤与成品一一对应，使学习刻板僵化。折纸十大要领不但简化了折叠步骤，而且可以使幼儿折纸千变万化但又万变不离其宗。

在折纸教学中，我们采取以下三个方法：(1)已经掌握的方法，教师设问、幼儿讲解；(2)尚不掌握的方法，教师演示、幼儿解释；(3)幼儿可以自主探索的方法，留

出空间，让幼儿自己去探索发现。

以"沙丁鱼风暴"为例：沙丁鱼大致的样子，让幼儿联系已有经验，找出集中一角折的方法；折鱼鳍是教师做动作，引导幼儿观察发现向外打开的方法，再折叠另一角验证，思考是否还有其他办法；折叠头部和尾部，让幼儿自己去尝试。

本单元的三个折纸活动，都体现了三种方法的灵活运用，也体现了幼儿看到折纸成品判断折叠方法的能力逐步提高，教师教得轻松，幼儿学得轻松，创造性表现层出不穷。

四、从第四讲中可收获的诀窍——怎样激发幼儿创造

诀窍十：创造是一个小小的点——关注点点滴滴

"数字密码卡"活动仅以不同色彩的点为元素，它的神奇体现在老师给孩子交待的"找"与"藏"的游戏任务中。现场孩子们凝重专注的神情和投入的状态让人印象深刻。大班孩子特别喜爱富有挑战性的游戏，这个游戏可供选择的材料少，孩子们必须在思维上有更大的拓展空间，才能探索出各种藏的方法。我细细观察发现，从初步感受色彩的细微变化，制作简单相似颜色的数字密码卡，到探索让自己的密码有数字的形，又有让这种形具隐蔽性，让观者难以分辨，总之让孩子们的探索由浅入深，步步深入。当许多孩子意识到自己的色卡还不够隐蔽时，便开始了新一轮的讨论、观察和思考，又探索到了多种隐藏数字，模糊观者视线的方法。例如，有的孩子发现点在数字的边缘线上，特别容易被辨别，于是用颜色叠加的方法，用数字与背景密度相等的方法来混淆视线。课就要结束了，但是有的孩子还是按着纸恋恋不舍，因为有孩子已经想出来用小手指在相似颜色进行模糊的方法。小小一个点却有着很大的探索空间。孩子们发现了色彩的丰富与变化的美，感受到了思考的有趣。

诀窍十一：创造是一根悠长的线——关注相互联系

小班孩子在自说自话、做做玩玩中寻找到无穷的快乐，于是"拉拉绕绕"中的那根线，自然地、毫无痕迹地把孩子的生活与绘画教学活动连接了起来。那一根时而拉拉时而绕绕的线充满动感，对孩子来说富有魔力。因为小班下期处于涂鸦后期，无意识的涂涂画画对他们来说是一种乐趣。先涂鸦后命名是他们的新尝试，"拉拉绕绕"的特点是动作与语言相辅相成，很好地满足了小班孩子认知和语言发展的需要。他们沉浸在时而说说，时而画画的活动中，在边想边拉、边绕边想中饶有兴趣地想象着属于自己的故事。但小班孩子的思维又是跳跃的、没有条理的。教学中教师用情景化的语言追随孩子的想象，又适时推动孩子的教学策略，如同一根智慧

之线，帮助孩子们串起一个个有趣的故事片段，让零碎散落的珍珠，成了精美的艺术品。孩子们感受到拉拉绕绕过程中有那么多的美好！他们的生活多么快乐！

诀窍十二：创造是一块多元的面——关注整合

中华民族有着5 000多年的文化传承，如何将这种深厚、独特、优秀的民族文化传导给幼儿，用干涩、抽象的语言口号是远远不够的。绘本《中国娃娃》尊重幼儿的认识特点和心理特征，选取了适合幼儿观察、理解、表现的教学内容。《中国娃娃》涉及的中国民族文化艺术元素颇多，有民间游戏、民间童谣、传统服饰、传统发饰、中国传统绘画材料等，让孩子们在游戏、阅读、观赏、尝试的活动中具体发现我国民间艺术之美。我们在课堂上发现男孩子们更多关注的是民间游戏。在这个充斥了网络游戏的时代，孩子们一定感受到了我们民间游戏真实、具体的参与感，人与人之间互动交流的满足感，体力释放的痛快感。在绘画表现的过程中，男孩子表现人物动态生动，想象游戏情景特别有趣。女孩子则被中国传统的服饰深深吸引，那精致具象的花纹、鲜艳的色彩特别契合这个年龄段女孩子的审美特点。那些以实物命名的发式通俗易懂，易于表现，让孩子们沉溺其中乐此不疲。在“中国娃娃”活动这块多元的面上，孩子们都发现了自己善于乐于表现的艺术内容。在观赏与表达中，他们对中国文化有了真实的感受和体会，蕴育出了爱祖国的情感。

五、从第五讲中可获得的诀窍——怎样体现艺术教育的核心价值

曾经有人做过这样一个比喻：如果把一个人比作一辆汽车的话，那么“品德”就是方向盘和刹车，“能力”就是发动机和油门。没有方向盘和刹车，再好的“发动机”也只能让汽车如同脱缰的野马，不知驶向何方。当然，只有方向盘和刹车，没有发动机车子也跑不起来，但是起码不会出事故。这个比喻折射出“品德”在一个人成长历程中的重要地位。一个人如果没有良好的品德终将不能成为一个健全的人，还可能会给社会带来一定的危害。

儿童最初几年的道德影响对其一生个性的健康发展极为重要。“德育为先”不是空洞的说教。德育的最终目的是教会幼儿做人，简单地讲就是使幼儿具备良好的道德情操和行为规范，长大成为对社会有用的人。这就要求教师把正确的价值观、道德规范、行为准则等落实在活动目标中，渗透在活动过程中，并转化为幼儿个体的道德素质和行为习惯。第五讲的三个活动从选材、设计及实施等方面给我们

提供了值得借鉴的做法。

诀窍十三：提炼生活热点，重视艺术加工——心动先于行动，打动先于心动

艺术源于生活的道理众所周知。在一些人眼里生活每天周而复始，一成不变；但在另一些人眼里生活丰富多彩，每天都有变化。这是由于不同的人对生活的敏感度不同造成的。“我的自画像”“自制儿童视力表”“飞向太空”都源于幼儿的生活。“自制儿童视力表”涉及幼儿用眼卫生，“我的自画像”则是每天发生在幼儿身上的心情故事，“飞向太空”是发生在幼儿生活中的新鲜事。这些看似生活中的小事，经教师捕捉后用艺术表现的手法对其进行加工处理，生成了贴近幼儿生活的美术活动。“自制儿童视力表”采用剪纸的方式，运用重叠剪纸的方法剪简单的图案，剪的图案既要有大中小的差异又要有不同的方向；“我的自画像”采用绘画的方式画画自己特征、用色彩表现自己的喜怒哀乐；“飞向太空”运用滤色方式表现火箭成功脱落及卫星发射成功。

这些有价值的素材只有经过艺术处理才能让艺术表现既反映幼儿生活又高于生活，给幼儿带来审美享受。心动先于行动，打动先于心动。要寻觅好的题材需要教师有一双慧眼，敏锐地发现生活中有价值的信息，运用符合幼儿艺术表现兴趣和当前水平的艺术表现方式进行加工处理，生成有利于幼儿自由表现对周围事物情感和态度的美术活动。

诀窍十四：艺术和科学握手——感性与理性联姻

艺术是感性的，科学是理性的。这里的“科学”不仅是指很多艺术表现的内容与科学有关，更指思维方式的融合。长期以来，我们误认为艺术追求浪漫，可以随心所欲，科学讲究严谨、条理清晰，把艺术和科学视为站在一座山的两边、互不见面的两种思维方式。当我们把对艺术表现的探索交给幼儿，发现提出问题、思考辨析、操作验证、提升归纳，这一在科学活动中经常使用的方法，同样适合幼儿在艺术表现中的探索。

以“飞向太空”为例：教师用一组火箭与一块滤色镜，和幼儿一起尝试发现可使火箭在太空消失的颜色，又再次以一组卫星和相同滤色镜，与幼儿一起验证可使卫星留在太空的颜色，并得出初步结论。然后引导幼儿利用已有的认识，模拟卫星飞向太空的情景。在幼儿创作的过程中，利用这一发现，有目的地选择颜色表现心目中的卫星和火箭，当教师用滤色镜覆盖火箭和卫星，火箭瞬间消失。活动现场有幼儿说：“失败的火箭颜色就是卫星成功发射的颜色。”多么简单的概括！幼儿用极

其通俗易懂的语言解释了滤色镜下的实验原理。作为成人不得不向我们的孩子学习！同时在幼儿作画过程中，老师也借助了富有感性的情境性语言和幼儿及时互动，给予引导："火箭脱落成功用什么颜色？和卫星升空成功的颜色一样吗？"（面对选色有问题的幼儿）；"精密仪器不装在卫星里，当卫星升入太空后会不会飞走呢？"（面对幼儿表现中设计科学的问题引导幼儿思考）。当最后卫星飞向太空的一刻，他们犹如身临其境跟随卫星一起飞向太空，激动的心情难以言表，艺术表现体现了幼儿对飞向太空的向往，显示了艺术和科学融合的新境界。中华振兴的历史是实现科技梦想的奋斗史，我们感恩前人的努力，践行自己的责任，寄希望于下一代在艺术与科学握手中再创辉煌。

"自制儿童视力表"体现了对物体的大小、方向和合乎一定规律的排列，其中都包含着数学思维元素。

在设计"我的自画像"时，我们对引导幼儿讲述自己的故事融入使用工具的过程再三斟酌，最后，确定以下三个环节：(1)伴随自我介绍"我是……今天我讲的故事是……"表现自己大概的样子；(2)伴随讲述涂颜色；(3)伴随结束故事画五官，使作画步骤成为讲述的手段。每位幼儿在活动全过程都能有清晰的思路，确定主题，展开情节，结束讲述。

在以上三个活动的幼儿艺术表现中理性思考的轨迹非常明显。由于每个人思维方式和过程不相同，决定了幼儿个体的艺术表现和创造与众不同，使作品五彩纷呈、各具特色。

诀窍十五：潜移默化浸润，引导学会做人

教育的首要问题是培养人。观摩的三个活动虽然都是美术活动，但从三个不同的角度，借助活动环节层层推进，将立德树人的育人目标——"做什么样的人""如何做"等正确价值导向渗透其中，化作汩汩清泉温润幼儿的心田。

"我的自画像"通过用绘画表现自己的故事，走进幼儿的内心世界。在与同伴分享自画像故事的时候展示的是幼儿的喜怒哀乐以及对不同事物的情感态度，分享的过程即是教师价值引导的过程。如，我生病了非常难受，爸爸给我吃了药也不管用，后来去医院看病，吃了医生配的药后病就好了。这个简单的故事告诉孩子们，生病不可怕，只要听医生话，按时吃药，病就会好——教会幼儿"面对病痛时不要害怕，做一个积极、乐观的人"。再如，我和朋友下棋每次都是我输，我生气了再也不玩了。面对负面情绪故事，教师抓住时机面对全体幼儿抛出问题：再也不玩了那就是承认自己真的输了，你们有什么好办法帮助他呢？幼儿集思广益：输了有什么关系，再来一次说不定就赢了；看看别人是怎么玩的，学一学……这个故事

教会幼儿“积极应对挑战，坦然面对失败”。同样“飞向太空”美术活动教会幼儿关注周围发生的新鲜事，像航天科学家学习，要有坚强的品质，勇于克服困难，做一个有梦想的人。“自制儿童视力表”则唤起幼儿从小保护眼睛的意识，做一个有良好用眼习惯、身心健康的人。

这三点操作思考是设计和实施美术活动不可缺少的三个要素，也是落实《3—6岁儿童发展学习指南》艺术教育价值的重要手段。艺术源于生活，又高于生活，更应回归生活。美术活动应是幼儿全身心投入、充满趣味的过程，是幼儿面对未知勇敢探索、自由创造表现的过程，更是以美育人、形成健全人格的过程。学前教育的根本是造就有责任感、幸福感的下一代，引导幼儿学会做人优于一切。培养幼儿对人、对事、对物积极向上的情感是每个幼儿教师的使命。借用泰戈尔的诗句，期待通过美术教育这一载体，帮助每一个幼儿“踏进生活之河，毫无惧色”。

特别注意：以上这些诀窍决不是一一对应单个活动，只是从论述的角度提炼为一个方面，总而言之需将育人的要求时时放在心中作为众多策略的一部分。如果在活动以后，我们的孩子爱上了大自然，更乐于探索黑影的变化，或者更有建造大桥的冲动，这都体现了美术活动的价值所在。

比如，“大家一起真开心”这个活动，之前我们归结在“选材”这个点，但同时若从“方法”与“内容”的关系去看待，在整个活动中，我们最关注的是游戏的内容、名称还是“我的朋友是谁”？我们觉得应该是活动的内容：“我的朋友是谁？”“我和谁一起玩？”“一定要把我朋友的名字说一说”……方法跟着内容走，老师一定要让孩子在活动中有进一步的体验，而不是抽象的几个朋友，要落实到具体的人。这样他的头脑中就会有这个朋友的形象，是圆圆胖胖的脸，还是瘦瘦长长的脸。“朋友一定要在我的心中”，这样才是一个活动价值的体现。

方法跟着内容走，以前我们在活动设计时讨论的往往是先画什么，后画什么，再画什么，表现一个人的时候是强调基本部分还是主要特征，关注的是技能表现，以及技能的结果。孩子们很想表达这个内容，但是因为能力上的差异，往往在画的时候把他要表现的内容扔到一边去了，到后面他不是关注和谁玩，关注的是“怎么画才像”“少了什么东西”“还要添加什么东西”。传统的活动设计虽然最后的作品也许很好看，但是它没有意义、没有价值，只是画了一张图而已。那么读者们可以发现在本书我们的活动中，孩子们一定感受到“我和具体的好朋友在一起玩的”欢乐，他们对幼儿园这些活动的内容也是非常清晰的，鲜活的内容在孩子的心中：“今天我和这个朋友玩捉迷藏”“明天我和他玩老鹰捉小鸡”……所以，我们觉得离开内容的表现是毫无意义的，就价值来说，我们一定要围绕内容，找找我的好朋友。好朋友永远在我的心中，我们一起玩，只有在幼儿园里才有这么多的朋友，一起玩是一件开心的事情。中班孩子的社会性培养是这个阶段教师必须要面对的问题，通过这个活动，教师帮助孩子体会到大家一起玩的快乐，发展中班孩子的社会性情感。

在这个活动当中，我们还选用了不同颜色和图形的纸引导幼儿对具体朋友的认识，目的是化解我们中班孩子在画不同人物特征和安排画面时，自身会存在的障碍和困难。我们通过剪一剪、贴一贴、摆一摆、放一放、看一看我的朋友是谁，来把这个朋友放在我的心里。我们发现孩子的作品中，无论是哪个人物，孩子都能说出他的名字。

活动中老师如果能让孩子说一说这个是谁，比如玩木头人的游戏，小朋友就说，××是木头人，××是在做的人，如果说出具体的名字更好。还有四个小朋友在看图书，老师说哪四个人？名字是什么？站起来给大家看看。这个时候更要有分享交流的互动，千万不要把朋友扔掉了。四个人一起玩，五个人一起玩，玩什么内容，都是有意义的。朋友都在孩子的心里，这样更具体，所以过程中孩子说得很好，老师在修剪脸型，找找和朋友对应的时候，一个小朋友说"弯弯角剪一剪，再转一转"比老师的语言都好。所以在活动中教师要接住孩子抛来的球，用孩子的语言和他们互动，这样活动就更有意义，也是我们活动所希望达到的目标。这些在以前的活动中好像没有这么强烈的情感体验，孩子通过这个活动感受到和大家一起玩的过程而不仅仅是一个画画的过程。中班孩子要做到每个朋友都在自己的心中，画得好看不好看不重要。

我们所做的这些事情就是让孩子的心中永远有别人，让小班的孩子觉得靠自己也能钻出蛋壳，大班的孩子能够感受到这么美的图案，学一学青花瓷老爷爷修复一下我们的艺术品会更美，就是把这些永远埋藏在孩子的心中。我们想做的是培养一个具有美的心灵，美的眼光，热爱生活的孩子，让一颗美的种子种在孩子心间，为他一生的成长和发展起到积极的作用。